现代商贸研究丛书

丛书主编：张仁寿
副 主 编：郑勇军 荆林波

教育部省属高校人文社会科学重点研究基地
浙江工商大学现代商贸研究中心 资助
国家软科学研究计划项目成果
浙江省哲学社会科学规划课题成果

国际竞争中
企业市场势力与创新的互动

——以我国电子信息业为例

朱 勤 著

经济科学出版社
ECONOMIC SCIENCE PRESS

图书在版编目（CIP）数据

国际竞争中企业市场势力与创新的互动：以我国电子信息业为例/朱勤著.—北京：经济科学出版社，2008.6
（现代商贸研究丛书/张仁寿主编）
ISBN 978-7-5058-7234-9

Ⅰ.国… Ⅱ.朱… Ⅲ.①电子工业－工业企业－市场竞争－研究－中国②信息工业－工业企业－市场竞争－研究－中国　Ⅳ.F426.6

中国版本图书馆 CIP 数据核字（2008）第 074330 号

总　　序

现代商贸流通业是国民经济的重要支柱和先导产业。改革开放以来，中国商贸流通业的发展有力地推动了国民经济的发展，但其现代化、国际化程度还较低，过高的商贸流通成本和商务成本正在严重制约中国产业国际竞争力的提升。

当今世界，制造业与服务业的相互渗透和融合是一个明显的经济发展趋向。现在，中国经济发展总体上处在工业化中期阶段，沿海发达地区已开始进入工业化中后期阶段，制造业与服务业相互融合或者说制造业服务化的趋势已经出现并将进一步增强。可以预见，未来制造业国际竞争的主战场不在生产制造环节，而是在研发设计、商贸流通和品牌经营等方面。谁占领了研发设计中心、商贸流通中心的地位，谁就占据了产业链中高附加值环节，拥有了产业发展的控制权。

在过去的一二十年中，中国制造业主要依靠生产要素低价格优势和生产规模优势，显示出较强的国际竞争力。但是，随着资源紧张程度的加剧和生产要素价格上涨，环境压力的增大和保护成本的上升，中国制造业发展正面临着严峻的新挑战。同时，随着经济全球化和信息化进程不断加快，特别是在中国加入世界贸易组织后，中国商贸流通领域的对外开放程度空前提高。跨国公司大举进入中国零售、批发和物流等商贸流通领域，不仅深刻改变了中国商贸流通业的发展格局和市场竞争秩序，而且直接影响着中国国民经济的控制力和国家经济安全。

因此，深化中国商贸流通业改革，推动商贸流通领域的制度创新、技术创新和管理创新，推进中国商贸流通业现代化和国际化进程，大幅度提高商贸流通效率，不仅对于提升中国商贸流通业的国际竞争力，而且对于创造中国制造业新的国际竞争优势，都是紧迫而重大的研究课题和战略选择。

令人遗憾的是，至今在中国经济生活中仍然严重存在着重生产轻流通、重制造业轻服务业、重外贸轻内贸的传统习惯和思维方式。在科学研究方面，有关商贸流通理论和重大现实问题研究有分量的创新性成果不多，研究力量总体上比较薄弱。在学科建设方面，虽然国际贸易学的理论体系和研究方法相对完善，但以研究国内或区域内商品流通领域交易方式、交换关系及其规律为主的贸易经济学，以前被商业经济学所取代，现在也没有形成与国际主流经济学接轨、较为成熟的理论体系和研究方法。在人才培养方面，中国严重缺乏零售、批发、外贸、物流等方面的高级人才，高等学校虽然开设了市场营销、国际经济与贸易、电子商务、物流管理等有关商贸流通专业，但这些专业横跨文科（如市场营销专业属于管理学科、国际经济与贸易专业属于经济学科）和工科（如电子商务专业和物流管理专业），至今没有形成能满足社会对复合型高级商贸流通人才需要和比较完整科学的贸易经济学专业。由于缺乏现代商贸专业人才，中国本土商贸企业与跨国公司在零售、批发和物流等领域的竞争中，明显处在弱势地位。

2004年11月，浙江工商大学现代商贸研究中心被国家教育部批准为部省共建人文社会科学重点研究基地，它肩负着在中国商贸流通领域开展科学研究、人才培养、学术交流、资料信息建设和提供咨询服务等重任。现代商贸研究中心现在下设有商贸业改革与发展研究所、专业市场与流通研究所、商贸企业创新研究所和国际贸易研究所，共有专兼职研究人员30多人。

我们主要依托现代商贸研究中心的力量，编辑出版"现代商贸研究丛书"，目的就是为了"交流商贸研究信息，创新商贸研究理论"，努力为中国商贸流通的理论研究、人才培养和实践创新尽一份绵薄力量。

是为序。

浙江工商大学现代商贸研究中心主任　张仁寿

2007 年 11 月于杭州

前　言

市场势力是经济学理论的一个传统命题，国内外诸多学者就此曾展开过系统分析。但迄今为止，就市场势力与创新的互动机制进行探索的理论研究尚不多见，而我国企业在全球化条件下的发展现实则突显出了深入研究这一问题的紧迫性。

我国企业在当前的全球垂直专业化分工格局中，面临着低端锁定、利益扭曲、技术依赖等诸多不利因素；我国企业若能建立市场势力与创新的良性互动机制，则可扭转上述被动局面。市场势力是企业通过对产品价格的影响与控制体现出的市场支配力量，它能够提供创新动力、防止创新成果被迅速模仿，并保证创新利益的实现；同时，市场势力的获得也离不开创新，而整合全球经济要素的创新无疑是企业获得并维持市场势力的主要手段。实现市场势力与创新的良性互动，正是国际竞争中企业成功的"秘诀"。因此，基于以上背景，本书的主旨是探讨企业市场势力与创新的互动关系；揭示企业市场势力的"创新效率"及其实现条件；研究全球垂直专业化分工背景下基于创新的企业市场势力形成机制。结合对我国电子信息业的实证分析，本书的研究工作具体开展如下：

首先，通过对国内外现有研究的梳理，发现目前国内对市场势力的相关研究大都局限于静态分析框架，视市场势力为效率的对立面；而对熊彼特假说的后续研究存在着"重中观因果分析，轻微观机理探讨"的缺憾，未能系统分析市场势力与创新之间的内在作用机制。有鉴于此，本书对市场势力的静态分析与动态分析视角进行了比较研究，阐释了市场势力的"创新效率"及其具体体现；分析了市场势力促进创新激励的条件，说明在受竞争者威胁的情况下，拥有市场势力更能激励厂商从事创新。本书对市场势力"创新效率"的分析，揭示出我国企业在国际竞争中培育市场势力的积极意义与紧迫性。

其次，通过选取我国电子信息业为实证研究对象，本书从电子信息业各子行业的市场集中度、进出口产品价格走势、全球价值链的利益分配、外资及内资的市场地位对比、本土企业盈利能力等角度展开分析，反映和揭示了我国电子信息企业的市场势力现状。本书还运用 Goldberg 和 Knetter（1999）的剩余需求弹性模型，对我国 SITC（Rev.3）76222 产品的国际市场势力进行了经验检验。以上从不同角度进行的实证分析表明，我国电子信息企业在国际竞争中存在着较为突出的市场势力缺失问题，难以实现市场势力与创新的良性互动，这直接导致了我国企业在全球价值链中被"锁定"于"微笑曲线"的低谷。

再次，针对我国电子信息企业市场势力缺失的问题，本书通过研究垂直专业化国际分工体系的特点，提出了纵横向维度的市场势力分析框架，深入剖析了"基于创新的市场势力形成机制"。在纵向维度，本书拓展了产业组织理论中的"垂直预占"概念，揭示了跨国公司凭借对价值链上下游关键环节的垂直预占，形成了强大的市场势力，而发展中国家的制造企业则应通过反垂直预占来扭转这种不利的局面，即向全球价值链的上下游两端拓展，以下游渠道整合为突破，依靠下游创新价值实现反促上游创新能力的提升；并通过上游创新能力的提升，保证下游创新价值的实现。在横向维度，本书根据创新类型的差异，深入解构了"以过程创新实现成本领先"、"以产品和市场创新形成差异化"和"以组织创新实现网络化"三类横向维度的市场势力形成机制。进而，本书揭示了纵向及横向维度企业市场势力的内在联系，指出纵向维度的市场势力直接决定了企业在垂直专业化分工格局中所得分工利益的多寡，而横向维度的市场势力是形成纵向维度市场势力的必要条件，创新对于实现纵向及横向维度市场势力的相互增进起着关键作用。

在上述理论与实证研究基础上，本书凝练出扭转我国电子信息企业不利的国际分工地位，实现比较利益增进的总体思路。并提出了基于创新的企业市场势力培育对策。

本书一定存在许多不足和错漏之处，诚恳希望能得到各位专家及读者的批评指正。

朱 勤

2008 年 5 月

目录

第1章 导论 ... 1
1.1 研究主题与意义 ... 1
1.2 结构安排 ... 3
1.3 研究思路、技术路线与方法 ... 4
1.3.1 研究思路与技术路线 ... 4
1.3.2 研究方法 ... 6
1.4 可能的创新点 ... 6

第2章 文献综述 ... 8
2.1 市场势力的内涵及衡量方法 ... 8
2.1.1 市场势力的经济学内涵 ... 8
2.1.2 市场势力的衡量方法 ... 9
2.2 竞争理论不同流派关于市场势力的观点 ... 13
2.2.1 静态竞争理论中的市场势力 ... 13
2.2.2 动态竞争理论中的市场势力 ... 15
2.3 市场结构与创新的相关性研究 ... 17
2.3.1 市场结构与创新的理论模型 ... 18
2.3.2 市场结构与创新的经验研究 ... 19
2.4 开放经济下市场势力问题的研究 ... 22
2.4.1 路径一：国内市场势力与出口绩效 ... 22
2.4.2 路径二：国际市场势力问题 ... 24
2.5 国内相关研究现状 ... 26

2.5.1 市场势力的理论与实证研究 ………………………………… 26
　　2.5.2 市场结构与创新的关系 …………………………………… 26
　　2.5.3 提升国际分工地位的研究 ………………………………… 27
2.6 现有研究评价 …………………………………………………… 28

第3章 市场势力的创新效率分析：从静态到动态视角转变 …… 30
3.1 从静态向动态分析视角的转变 ………………………………… 30
3.2 动态分析视角下市场势力的创新效率 ………………………… 33
　　3.2.1 经济学意义上的效率与企业市场势力 …………………… 33
　　3.2.2 市场势力创新效率的体现 ………………………………… 34
3.3 市场势力与创新激励 …………………………………………… 36
　　3.3.1 模型构建与假设 …………………………………………… 37
　　3.3.2 不受威胁的市场势力与创新激励 ………………………… 39
　　3.3.3 受威胁的市场势力与创新激励 …………………………… 40
　　3.3.4 福利效应 …………………………………………………… 41
3.4 小结 ……………………………………………………………… 42

第4章 国际竞争中我国电子信息业市场势力的特征事实 ……… 43
4.1 电子信息业：产业选取说明 …………………………………… 43
　　4.1.1 产业特征决定的市场集中 ………………………………… 44
　　4.1.2 寡头垄断下的高研发强度 ………………………………… 45
　　4.1.3 支柱产业地位 ……………………………………………… 47
4.2 市场结构：集中度分析 ………………………………………… 49
4.3 本土企业市场势力缺失的特征事实 …………………………… 51
　　4.3.1 出口"价跌量增"日趋严重 ……………………………… 52
　　4.3.2 进口关键元器件价格持续攀升 …………………………… 53
　　4.3.3 价值链上利益分配严重失衡 ……………………………… 54
　　4.3.4 外资企业加速抢占国内外市场 …………………………… 57
　　4.3.5 本土企业盈利能力薄弱 …………………………………… 58
4.4 国际市场势力的经验检验 ……………………………………… 61
　　4.4.1 国际市场的剩余需求弹性模型 …………………………… 61
　　4.4.2 研究思路、方法与数据 …………………………………… 63

4.4.3　检验结果及分析 ·· 66
　4.5　小结 ·· 68

第5章　基于创新的企业市场势力形成：纵向维度 ·············· 71
　5.1　电子信息业国际分工格局：纵横向分析维度的提出 ········· 71
　5.2　国际竞争中垂直预占内涵的拓展 ····································· 73
　5.3　上游预占与中游反预占：创新能力与市场势力 ················ 75
　　5.3.1　跨国公司对上游价值环节的垂直预占 ······················ 75
　　5.3.2　上游垂直预占与中游反预占的分析 ·························· 81
　5.4　下游预占与中游反预占：创新价值实现与市场势力 ········· 85
　　5.4.1　跨国公司对下游价值环节的垂直预占 ······················ 85
　　5.4.2　下游垂直预占与中游反预占的分析 ·························· 91
　5.5　纵向维度基于创新形成企业市场势力 ······························ 95
　　5.5.1　渠道整合：下游创新价值实现反促上游创新能力提升 ·· 96
　　5.5.2　上游创新能力提升保证下游创新价值实现 ··············· 98
　5.6　小结 ··· 99

第6章　基于创新的企业市场势力形成：横向维度 ············ 101
　6.1　分析框架 ··· 101
　6.2　过程创新、成本领先与市场势力 ··································· 102
　　6.2.1　问题的提出：价格竞争与市场势力的矛盾与关联 ··· 102
　　6.2.2　成本领先与市场势力的形成 ································· 104
　　6.2.3　过程创新与成本领先的实现 ································· 108
　6.3　产品与市场创新、差异化与市场势力 ····························· 111
　　6.3.1　差异化、非对称需求与市场势力 ··························· 111
　　6.3.2　小生境中创新与市场势力的互动 ··························· 113
　6.4　组织创新、网络化与市场势力 ······································· 115
　　6.4.1　网络化的市场势力形成机制 ································· 116
　　6.4.2　协同效应、社会资本与市场势力 ··························· 117
　6.5　创新与纵横向维度市场势力的培育与互动 ····················· 120
　　6.5.1　纵横向维度市场势力与国际分工地位 ···················· 120
　　6.5.2　纵横向维度市场势力培育与创新的互动 ················ 121

6.6 小结 ……………………………………………………………… 123

第7章 我国电子信息企业市场势力与创新互动的对策 ………… 125
  7.1 企业市场势力与创新良性互动的总体思路 ………………… 125
  7.2 基于创新的纵向维度市场势力培育 ………………………… 127
    7.2.1 整合全球科技资源、提升技术获取能力 ……………… 127
    7.2.2 构建专利网络、打造自主标准 ………………………… 128
    7.2.3 垂直整合渠道、实施名牌战略 ………………………… 130
  7.3 基于创新的横向维度市场势力培育 ………………………… 133
    7.3.1 以规模经济与速度经济实现成本领先 ………………… 133
    7.3.2 定位市场小生境、实现差异化 ………………………… 134
    7.3.3 构建战略联盟、发挥网络优势 ………………………… 135
  7.4 今后研究的展望 ……………………………………………… 136

附录1 引理及其证明过程 ……………………………………………… 137
附录2 电子信息业的界定 ……………………………………………… 141
附录3 SITC（Rev.3）76222产品的出口市场 ……………………… 145

参考文献 ………………………………………………………………… 150

后记 ……………………………………………………………………… 165

第1章 导 论

1.1 研究主题与意义

近年来，由跨国公司整合全球诸经济要素共同参与、以全球价值链为形态的垂直专业化分工已成为国际分工的主要特征。我国制造业正大规模地融入到这种垂直专业化分工中，2007年，我国出口总额达到12180.1亿美元，其中加工贸易出口额就高达6176.5亿美元[①]。不容忽视的是，虽然中国每年有大量商品走向国际市场，但近年来诸多出口贸易品存在着"量增价跌"的贸易条件恶化现象，这反映了目前众多中国企业普遍面临的两项突出问题：一是在跨国公司的技术与标准的垄断之中，企业自身创新能力弱，对外"技术依赖"现象普遍；二是受到下游跨国品牌商、流通商的控制，企业难以进入国际市场渠道，"海外市场隔层"现象严重，只能任凭各级国际渠道商赚取高额利润。技术依赖与市场隔层使我国企业在全球价值链中陷入"微笑曲线"低谷，在国际分工的利益分配中处于极其不利的地位。如何扭转这一劣势，已成为当前亟待研究的紧迫课题。

从国际动态竞争的视角切入，可以发现，我国企业面临以上困境的突出原因是市场势力与创新能力的双重缺失。本书认为，提升我国企业在国际分工体系中的地位，有赖于企业市场势力与创新形成良性互动：一方面，作为市场支配力及盈利能力集中体现的市场势力，可防止企业创新被迅速模仿及利润受损，在经济全球化的今天尤为重要；另一方面，市场势

---

① 商务部，http://www.mofcom.gov.cn/。

力的获得又离不开自主创新,整合全球经济要素的创新,能够使企业在国际市场上取得对产品价格的控制力并形成相应的优势地位。事实上,国际竞争中的成功企业正是通过不断创新以获得并维持市场势力,并凭借市场势力进一步提升创新动力与能力,这一良性互动过程正是企业在国际分工中获取更多分工利益的奥秘所在。综上所述,实现市场势力与创新的互动,对于我国企业扭转在当前国际分工体系中的不利地位具有十分重要的意义,对此问题展开深入系统的研究已刻不容缓。

然而,目前国内大量有关市场势力的研究仍然停留于静态竞争理论的分析框架,市场势力主要被运用于垄断行业的政策规制分析。对于企业市场势力静态而片面的认识,使得国内有关市场势力创新效率的相关研究几近空白。

本书的立意之一,就是揭示市场势力的创新效率,分析市场势力有助于创新的内在机理,建立市场势力与创新激励的逻辑关联,从而拓宽市场势力理论研究的分析视角。引发本书研究兴趣的另一个重要问题是,在全球垂直专业化分工体系中,企业市场势力是怎样形成的?创新在企业市场势力的形成过程中如何发生作用?国内外现有的企业市场势力相关研究,大多着重于实证测度及福利效应分析。对于当前国际分工格局下企业市场势力形成机制的研究,客观上存在一定的理论盲区。

本书的立意之二,就是剖析当前全球垂直专业化分工体系中,基于创新的市场势力形成机制。在新型国际分工格局下,企业的市场势力既形成于全球价值链横向维度的同业竞争层面,同时也根植于价值链上下游环节间对分工利益争夺的纵向维度层面,本书将从纵向及横向两个维度切入,深入研究基于创新的市场势力形成机制。

本书的立意之三,是将理论研究应用于我国企业参与国际动态竞争的具体现实。电子信息业是国际化程度较高的全球性行业,规模经济、网络效应及"赢家通吃"等产品及产业特征,决定了国际动态竞争中电子信息企业形成市场势力的必然性;同时,该行业具有很高的研发强度,是市场势力存在创新激励效应的典型行业;电子信息业也是我国国民经济的支柱产业,对其进行分析具有重要的应用价值。本书将分析我国电子信息企业在国际竞争中的市场势力状况,并在理论与实证研究的基础上,提出我国电子信息企业实现市场势力与创新互动的对策建议。

1.2 结构安排

第1章"导论"。阐明本书研究的主题和意义,概述研究思路、技术路线、研究方法及可能的创新点。

第2章"文献综述"。本章对国内外学术界相关研究成果进行了系统梳理,将国内外现有研究成果归纳为"市场势力的内涵及衡量方法"、"竞争理论不同流派对市场势力的观点"、"市场结构与创新的相关性研究"、"开放经济下市场势力问题的研究"以及"国内相关研究现状"等五个方面,最后,本章对现有研究进行了评价,指出其存在的局限及可能突破的方向。

第3章"市场势力的创新效率分析:从静态到动态视角转变"。本章在比较研究市场势力静态与动态分析视角的基础上,根据对经济学效率目标的分解,基于动态分析视角讨论了市场势力的"创新效率",阐释了市场势力为创新提供了内生的动力机制、盈利机制和需求保障机制。进而,本章以 Greenstein 和 Ramey(1998)模型为基础,进行了企业市场势力与创新激励的分析。说明了对于动态竞争中受竞争者威胁的厂商,拥有市场势力更有利于激励其创新;并且,在潜在竞争者的威胁下,市场势力引致的"创新效率"可超越完全竞争市场中静态的"配置效率",从而具有更大的福利效果。

第4章"国际竞争中我国电子信息业市场势力的特征事实"。本章选取我国电子信息业为研究对象,围绕国际竞争中的市场势力进行了一系列实证研究:首先通过对 CR_8 的测算,发现我国电子信息业市场集中度偏低,且呈逐年下降趋势,行业分散竞争态势明显。进而,本章以丰富的数据和案例,从进出口价格、价值链分工利益、盈利能力等角度揭示出本土电子信息企业市场势力缺失的现状与特征。最后,运用 Goldberg 和 Knetter(1999)的剩余需求弹性模型,选取 SITC(Rev. 3)76222 产品进行了国际市场势力的经验检验,结果显示该产品在出口市场上未能获得与市场份额相应的贸易利益及价格控制权。

第5章"基于创新的企业市场势力形成:纵向维度"。在全球价值链的纵向维度,电子信息业跨国公司依靠对全球价值链中关键性价值环节的垂直预占,形成了相对于其他环节企业的强势议价能力,挤占并夺取主要的分工利益,并限制其他环节企业在价值链上的价值攀升。本章分析说明,发展中国家中游制造商实施反垂直预占,将研发能力提高到一定阈值,有助于改善不利的分工地位;同时,在上游研发能力得到提升的情况下,如不能有效进行下游渠道整合,仍会受到跨国公司的纵向压榨。本章指出,发展中国家电子信息企业要形成纵向维度的市场势力,必须向价值链两端拓展,以下游渠道整合为突破,依靠下游创新价值实现反促上游创新能力的提升;同时,通过上游创新能力的提升,保证下游创新价值的实现。

第 6 章"基于创新的企业市场势力形成:横向维度"。本章根据创新方式的差异,深入解构了横向维度市场势力形成的三类机制:成本领先机制、差异化机制及网络化机制。成本领先机制是企业整合全球资源实现过程创新,以动态规模经济扩张市场份额,以速度经济提高周转率,从而在价格竞争中保持成本领先,获取市场势力。差异化机制是企业通过产品与市场创新,创造并锁定非对称需求,定位于市场"小生境",构筑差异化壁垒以实现市场势力。网络化机制是企业通过组织创新,整合外部组织资源,发挥协同效应、增进社会资本以提升市场势力。本章还深入分析了企业纵向及横向维度市场势力的相互关系:纵向维度市场势力直接决定了企业在垂直专业化分工格局中获得分工利益的多寡,而横向维度市场势力是形成纵向维度市场势力的必要条件。横向和纵向维度的市场势力存在耦合互动关系,创新在这种良性互动中起到决定性作用。

第 7 章"我国电子信息企业市场势力与创新互动的对策"。本章在前述理论与实证研究基础上,提出"整合全球经济要素,促进纵向与横向维度市场势力的互动;培育企业家主体,实现企业市场势力与创新的良性互动"作为我国电子信息企业在国际市场中实现市场势力与创新互动的总体思路。并分别从纵向和横向维度,提出了基于创新培育我国电子信息企业市场势力的具体对策。

1.3 研究思路、技术路线与方法

1.3.1 研究思路与技术路线

本书的技术路线如图 1-1 所示。本书的研究思路及逻辑体系为:(1) 在综述前人研究成果的基础上,就市场势力的创新效率研究做出新的推进，突显动态竞争中市场势力形成的必要性（第3章）；（2）通过实证研究，反映我国电子信息企业市场势力的特征事实，揭示我国企业在国际动态竞争中培育市场势力的紧迫性（第4章）；（3）从纵向和横向两个维度展开分析，探讨通过创新形成市场势力的机制和规律（第5章、第6章）；（4）在以上理论与实证分析基础上，提出培育我国电子信息企业市场势力的总体思路与具体对策（第7章）。

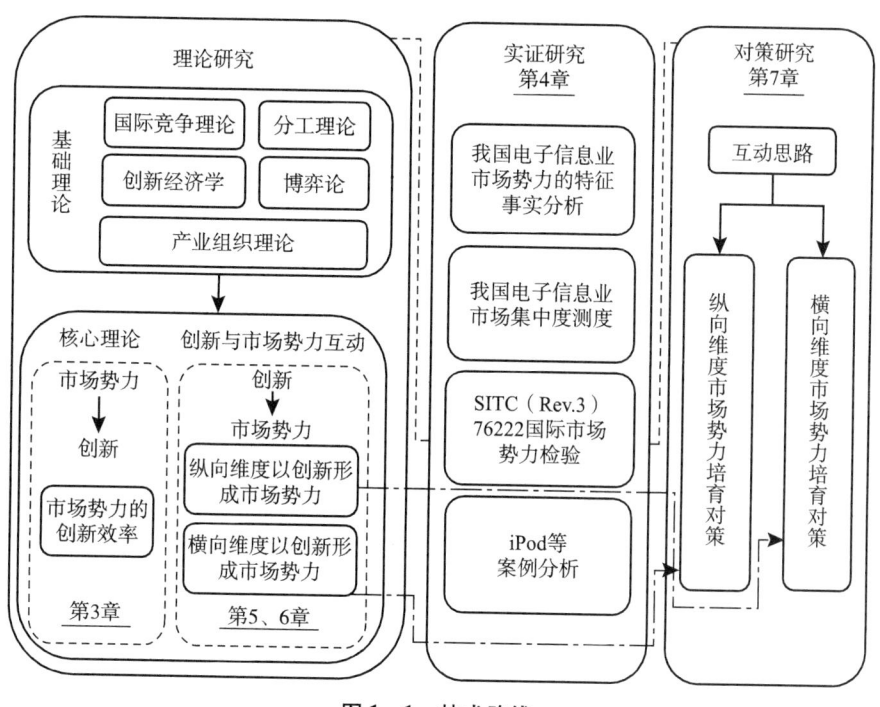

图1-1 技术路线

对于核心理论即"企业市场势力与创新互动"，本书主要是从两个层次、两个维度展开研究。

首先，企业市场势力与创新之间存在着双向作用的互动关系，本书将从两个层次切入。层次一：市场势力能够增进创新效率。市场势力既是企业创新活动的内在需求，又是市场竞争压力下企业开展创新的外在强制；为企业开展创新提供了内生的动力机制、盈利机制和需求保障机制。层次二：创新是企业在动态竞争中形成并维持市场势力的关键因素，企业通过创新可获得超额利润并增强市场优势地位。

其次，基于全球电子信息业垂直专业化分工的特点，本书将分别从纵向和横向两个维度研究基于创新的市场势力形成机制。从纵向维度看，居于价值链不同环节的上下游企业将对整条价值链的合作剩余进行分割，由此引发了纵向维度的利益争夺。纵向维度的市场势力，体现为企业对其上下游环节厂商的影响能力及交易时的议价能力。从横向维度看，在全球价值链的同一环节，各企业将为获得分工机会和分工利益而展开激烈竞争。横向维度的市场势力，表现为企业开展同业竞争时，对自身产品价格的控制力及对同业竞争对手的影响力。纵向及横向维度的市场势力又存在着耦合互动的关系。因此，在垂直专业化分工背景下研究企业市场势力，需要对以上两个维度进行综合分析。

1.3.2 研究方法

本书总体上采用了理论研究与实证研究相结合的研究方法，秉承了数理推演与逻辑思辨相结合、综合分析与归纳研究相结合的原则。在理论研究方面，鉴于本书主题横跨经济学多个研究领域，国际竞争理论、分工理论、创新经济学、博弈论、产业组织理论等都构成本书的理论支撑，因而采用了复合性的理论研究方法。如在探讨市场势力的创新激励效应时，运用了产业组织理论、创新理论；在研究纵向维度市场势力的形成机理时，运用了国际分工理论、全球价值链理论；在分析市场势力创新效率、纵向维度的垂直预占与反垂直预占等问题时，运用了博弈论等研究工具。在实证研究方面，本书进行了大量特征事实分析和案例研究；运用产业组织理论中有关市场结构的研究方法，考察了电子信息业子行业的市场集中度；以剩余需求弹性模型为基础，对我国SITC（Rev.3）76222产品的国际市场势力进行了经验检验。

1.4 可能的创新点

第一，国内有关市场势力问题的现有研究主要从静态分析视角出发，视市场势力为效率的对立面，局限于垄断行业的政策规制分析。本书试图突破这一局限，以丰富国内有关市场势力研究的理论维度。本书对市场势力的静态与动态分析视角进行了比较研究，根据经济学意义上"效率"的分解，阐释市场势力的"创新效率"及其具体体现；进而分析了市场势力促进创新激励的条件，说明在受竞争者威胁的情况下，拥有市场势力更能激励厂商从事创新。对市场势力"创新效率"的分析，拓宽了我国理论界市场势力问题的研究视角，使市场势力这一重要的理论工具不再局限于垄断规制分析，而是可以将其延伸至动态竞争中企业创新与分工利益等问题的研究之中。

第二，国内外学者围绕"熊彼特假说"展开的大量研究，基本停留在市场结构与创新的相关性分析中，存在着"重中观因果分析，轻微观机理探讨"的缺憾。本书认识到这一理论的不足，试图将研究深入到"机理"层面。本书紧扣"市场势力与创新互动"的主线，把握了电子信息业全球垂直专业化分工体系的特点，提出了纵横向维度的市场势力分析框架，深入剖析了"基于创新的市场势力形成机制"。以上分析理清了新型国际分工格局下市场势力问题研究的脉络，并使得创新在市场势力形成中的作用机理得以清晰浮现。

第三，本书通过实证分析，揭示了我国电子信息企业市场势力缺失的特征事实。其中，运用了国际市场的剩余需求弹性模型，对我国电子信息产品（SITC 76222）的国际市场势力进行了经验检验。本书从一系列蕴含政策含义的结论中，凝练出我国电子信息企业在国际竞争中增进分工地位的总体思路，即"整合全球经济要素，促进纵向与横向维度市场势力的互动；培育企业家主体，实现企业市场势力与创新的良性互动"。并在此基础上，提出了一系列针对性的对策建议。

第 2 章 文献综述

本章对国内外学术界关于市场势力的理论和经验研究成果进行了系统梳理，主要从"市场势力的内涵及衡量方法"、"竞争理论不同流派对市场势力的观点"、"市场结构与创新的相关性研究"、"开放经济下市场势力问题的研究"以及"国内相关研究现状"这五个方面展开。最后，本章对上述研究进行了评价，提出了本书对市场势力内涵的界定，指出现有研究存在的局限及可能突破的方向。

2.1 市场势力的内涵及衡量方法

2.1.1 市场势力的经济学内涵

主流经济理论对企业市场势力内涵的界定，普遍强调了市场势力是企业（或一组采取联合行动的企业）控制自身产品价格的能力。Lerner（1934）将市场势力定义为企业将价格维持在边际成本之上的能力。Brandow（1969）指出，市场势力是企业直接影响其他市场参与者，或直接影响价格等市场变量的能力。Bannock 等（1992）认为市场势力是一个企业对价格实施影响的程度，Utton（1995）总结到，市场势力是一个或一群企业持续地将价格维持在边际成本之上，即使价格上升，销售量也不会为此大幅下降的能力。Ailawadi，Borin 和 Farris（1995）将市场势力理解为企业改变和影响市场价格和（或）其他交易条件，而谋取利益及远离竞争的能力。

由于传统的市场势力研究着重于分析企业的定价行为，极大地限制了理论界对企业市场势力本质的认识,因而一些学者主张拓宽并深化市场势力的理解,赋予市场势力新的内涵。Young(1995)认为企业 A 若相对于企业 B 具有以下四种能力,则可以判断企业 A 相对于 B 更具有"势力":(1)在直接冲突中取胜的能力;(2)干扰企业 B 达到目标的能力;(3)重塑企业 B 之目标的能力;(4)通过企业 B 非意愿的方式,重塑企业 B 之目标的能力。Young(2000)又将市场需求引入分析框架,提出市场势力是企业相对于竞争对手,"创造"出产品非对称需求的能力。Coughlan(2003)将市场势力概括为企业在市场上的潜在影响力(Influence),即企业在市场竞争中改变事件本来进程的能力。

在一些产业经济学家看来,对"市场势力"与"垄断势力"进行区分有助于更准确地认识企业市场势力。例如,卡尔顿及佩罗夫(1998)认为,市场势力虽然与垄断势力一样,表现为厂商将价格制定于边际成本之上,但拥有市场势力的厂商,其利润并不会高于市场平均的竞争水平。Landes 和 Posner(1981)及 Werden(1998)强调市场势力与垄断势力在持续时间上的差别,Werden(1998)认为市场势力形成的主要原因是某企业的产品暂时不可被其他竞争对手替代,这种市场势力会随着竞争对手的扩张而被迅速侵蚀,因而具有短期性;与之相对,垄断势力是指程度更高且持续时间更长的市场势力,基于进入壁垒的保护,垄断势力可得以长期维持。学者们普遍认为,反垄断真正关注的对象应该是垄断势力而不是市场势力。

2.1.2 市场势力的衡量方法

20 世纪 30 ~ 50 年代,市场势力的衡量通常采用案例研究方法。案例研究能有效反映产业层面市场势力的特征事实,分析方法直观且现实意义强,但也存在实施费用高昂、缺乏代表性等局限性(Scherer and Ross,1990)。

20 世纪 50 年代后,随着计量和统计方法的完善,衡量市场势力的方法也渐趋规范。主要可归纳为三类,分别为:(1)结构—绩效—行为(SCP)模型;(2)新经验产业组织(NEIO)模型;(3)时间序列模型①。

---

① 模型的细分参考了 Larry N. Digal,Fredoum Z. & Ahmadi-Esfahani. Market Power Analysis in the Retail Food Industry:a Survey of Methods [J]. The Australian Journal of Agricultural and Resource Economics,2002,46(4):pp.559 – 584。

1. 结构—绩效—行为（SCP）模型

Bain（1951）开创性地采用了产业横截面的经验研究方法，建立了结构—绩效—行为的 SCP 研究范式。SCP 模型以产业层面跨部门分析为主，归纳不同产业共同的结构性特征，以此来反映市场势力的来源，该方法突破了案例研究的局限，使得快速而客观地对大样本市场的市场势力进行估计成为可能。在其后将近 20 年里，SCP 模型在研究中得到了广泛应用，比如，波特（Porter, 1980）构建了一个产业竞争的分析框架，完善了市场势力的结构主义衡量方法。然而，SCP 模型一直被认为游离于正统的经济学理论之外，即模型反映的集中度与厂商利润的统计相关性，无法很好的以主流微观经济学理论解释。因而，SCP 模型被视为一种偏主观的描述性框架（Richard, 1988）。20 世纪 70 年代末，跨行业衡量市场势力的 SCP 模型逐渐退出了主流，以 SCP 模型为主要方法的经验性文章在相关杂志上亦出现不多了。

2. 新经验产业组织（NEIO）模型

20 世纪 80 年代，新经验产业组织（NEIO）模型开始被大量采用，市场势力的衡量方法有了很大进展。与 SCP 模型比较，NEIO 模型更重视市场行为，即企业在市场中的竞争行为与策略反应；另一方面，NEIO 模型并非通过直接观测的方法来估计市场势力，而是借助计量分析方法"推断"出市场势力。Bresnahan（1989）认为，NEIO 模型"将两大产业组织的经验研究传统——产业案例研究方法与 SCP 模型的优点进行了结合"。Azzam 和 Anderson（1996）曾详细分析了各类 NEIO 模型的优点和局限性。较为典型的 NEIO 模型有两类：

第一类是集中度—价格模型（Concentration-price Model）。相对于 SCP 范式着重于检验市场集中度与厂商利润的相关性，NEIO 模型则主要关注市场集中度与产品价格的联系。代表性的研究成果如 Bresnahan（1987），他运用集中度—价格模型研究了美国汽车产业的竞争与合谋现象，并估计了其市场势力。Connor（1996）指出，集中度—价格模型综合了 SCP 模型与 NEIO 模型的特点，但也由于集中度—价格模型的基础是 SCP 范式，因而继承了 SCP 范式存在的问题，其突出表现在模型的假设条件上：一是市场集中度变量外生给定的假设无法令人信服；二是假设产品同质，与现实存在较大差距（Cotterill，1999）；三是几乎所有集中度—价格模型都假设完全共谋，而现实中存在非完全共谋的潜在博弈（Cotterill and Harper，1995）；四是集中度—价格模型关注的是产出品市场的市场势力，而无视投入品市场的不完全竞争，这显然脱离现实（Digal and Ahmadi-Esfahani，2002）。

第二类是推测变分模型（Conjectural Variations Model）。企业在进行产出选择后，其竞争者将会做出一定反应，而"企业对其竞争者反应的估计"就被称为推测变分（Azzam and Pagoulatos，1990）。在推测变分模型中，市场势力同样表示为价格偏离边际成本的程度，并主要取决于市场份额、推测变分以及市场需求价格弹性三项因素。比如，Cowling 和 Waterson（1976）在同质产品假设下，建立了企业依据对竞争对手反应的推测而选择产量的模型。Applebaum（1982）以 1947～1971 年美国橡胶、纺织、电气机械及烟草行业为检验对象，分别估计了这些行业的勒纳指数以衡量行业平均市场势力。又如，Clarke 和 Davies（1982）将企业数目、合谋程度及边际成本变动系数引入模型，考察了市场集中度与收益率的相关性。

推测变分模型存在着以下问题：一是该类模型假设市场中的各个企业拥有相同的市场份额、同样的均衡推测变分及面对同样的市场进入壁垒（Richards 等，1996）。然而，现实中各企业的规模及成本迥异，企业规模变量在推测变分模型中是外生的，故模型无法区分市场势力与效率对规模的影响（Cotterill，1993）。二是在推测变分模型中，需要事先假设企业间的竞争行为及所处市场的结构（如共谋、寡头垄断等），这种事先假定也可能扭曲对现实竞争中市场势力的正确估计。

3. 时间序列模型

20 世纪 80 年代以来，学者们开始用时间序列模型进行市场势力的估计。与 SCP 模型相比较，衡量市场势力的时间序列模型通常不含市场集中度变量；与 NEIO 模型相比较，由于对数据要求不高，时间序列模型往往更易于开展经验研究。时间序列模型主要包括以下两类：

第一类是价格不对称模型（Price Asymmetry Model）。价格不对称模型衡量市场势力的标准，在于"投入品价格的波动是否能够完全地转移给消费者"（Von Cramon-Taubadel，1998）。如果投入品价格波动能完全转移给消费者，说明厂商拥有对自身产品价格的控制力，其产品的可替代性较小，进而说明厂商拥有市场势力。Kinnucan 和 Forker（1987）将 Houck 过程[①]引入动态分析，研究食品行业批发价格增减是否会传递并体现于零售价格变化。随后，Fabiosa（1995）和 Mohanty 等（1995）也运用 Houck 过程进行了市场势力的衡量。

第二类是协整模型（Cointegration Model）。协整方法被用于检验价格变动，以推断企业的市场势力，其基本理念为，如果市场是完全竞争的，则从长期来看，价格将趋于一致；若市场是不完全竞争的，即存在明显的市场势力，则价格并不会趋同。Faminow 和 Benson（1990）认为协整模型存在的最大问题是市场价格趋于一致也可被认为是完全共谋的结果。Purcell（1999）运用向量误差修正模型，检验了市场主体之间的价格不对称现象，并指出，价格不对称传导问题反映出在缺乏竞争压力的情况下，生产与零售价格只会进行缓慢调整，而这正是市场势力的体现。

表 2-1　　　　　市场势力衡量方法的优缺点比较

序号	方法（模型）	优点	缺点
1	结构—行为—绩效（SCP）模型	横截面分析 多个产业	缺乏微观经济学理论基础
2	新经验产业组织（NEIO）模型	基于微观经济学理论基础	仅适用于单一产业分析，数据要求高，较难进行经验研究
3	时间序列模型	易于进行经验研究	缺乏理论依据和理论基础

资料来源：Larry N. Digal, Fredoum Z. & Ahmadi-Esfahani. Market Power Analysis in the Retail Food Industry: a Survey of Methods [J]. The Australian Journal of Agricultural and Resource Economics, 2002, 46 (4): pp. 559 – 584.

表 2-1 总结了市场势力的主要衡量方法 SCP 模型、NEIO 模型以及时间序列模型各自的优缺点（Digal 等，2002）。总结而言，SCP 模型揭示了产业间重要的结构参数（如市场集中度等），进而在一定程度上识别了市场势力的来源；但是，以横截面的集中度指标判断市场势力比较武断，且市场集中度与价格加成在统计上的相关性无法获得经济学逻辑的支持。NEIO 模型以严格的微观经济学分析为基础，但 NEIO 模型也存在着缺陷：

---

① Houck 过程将总成本变化分解为各类成本因子的增减，经 Wolffram（1971）和 Houck（1977）的研究而完善，因此也被称为 Wolffram-Houck 不对称模型。

一方面，该类模型仅适用于单一的产业分析；另一方面，模型所需要的数据在实际研究中往往很难获得，可操作性不强（Hyde and Perloff，1995）。时间序列模型虽然易于进行经验研究，但存在着缺乏理论依据、不能区分共谋与完全竞争的缺陷，其研究结果只能部分显示市场势力。

2.2 竞争理论不同流派关于市场势力的观点

企业"市场势力"一直是经济学竞争理论重要的研究主题之一。从以新古典学派为代表的静态竞争理论到现代动态竞争理论，各学说流派纷呈。对企业市场势力问题的认识和理解，也在不断的丰富和完善中。但学者们仍不得不承认，该问题是复杂并富有争议的。

2.2.1 静态竞争理论中的市场势力

1. 古典竞争理论认为市场势力是"偶然"的

最初的竞争理论诞生于政治经济学的古典学派。亚当·斯密（Adam Smith，1776）在《国富论》中首次提及劳动生产率对企业利润的影响[1]，他并不认为垄断是自由竞争必然将导致的内生现象；而是认为自由竞争状态下的"自然价格"水平是市场的常态，企业获得超额利润只是一种暂时、偶然的现象。在古典竞争理论中，市场势力并非正常状况，企业的市场优势不会长期持续，而将自动消失。由于将自由竞争看成永恒的历史范畴，故古典竞争理论总体上是以静态分析为基础的[2]。

2. 新古典竞争理论将市场势力视为对完全竞争的偏离

新古典竞争理论在形成了以价格理论模型为核心的静态分析框架后，直至20世纪40年代，"完全竞争"一直被理论界视为最理想的竞争典范。罗宾逊（Robinson，1933）与张伯伦（Chamberlin，1933）分别出版

---
[1] 亚当·斯密. 国富论［M］. 北京：商务印书馆，1972，（上卷）315。
[2] 陈秀山. 现代竞争理论与竞争政策［M］. 北京：商务印书馆，1997，26。

了《不完全竞争经济学》和《垄断竞争理论》，使经济学家开始重视对不完全竞争的研究，但由于沿袭了新古典的静态分析方法，这些对不完全竞争的研究，还是把完全竞争作为最具效率的"基准"。上述理论的提出与发展，对于市场势力主流定义的形成起到了关键作用。

在新古典分析框架下，勒纳（Lerner，1934）将完全竞争作为"基准点"，构建了著名的"勒纳指数"。由于完全竞争状态下，价格等于边际成本（P=MC），所以，企业的市场势力就被界定为价格维持在边际成本以上的情况（P>MC），衡量市场势力的勒纳指数即为$\frac{P-MC}{P}$。需要强调的是，将市场势力视为对完全竞争的偏离，这种界定对后续的市场势力理论和反垄断理论、反垄断政策产生了极其深刻的影响。

3. 哈佛学派以市场份额识别企业市场势力

哈佛学派代表人贝恩（Bain，1941）从"厂商获取市场势力的目的是赚取更大利润"的理念出发，指出某厂商的市场势力可用该厂商利润率与"正常"竞争情况下企业的平均利润率之比来衡量。贝恩（Bain，1954，1956）的实证检验结果表明，美国制造业的市场集中度与利润率之间存在正相关性，制造业的市场进入壁垒与平均利润率亦存在正相关性。在此基础上，贝恩建立起了"结构—行为—绩效"范式即SCP范式，该范式在20世纪60年代占据了产业组织理论中的主导地位。

建立在经验研究基础上的SCP范式奉行的是"结构主义"，其核心在于将企业的市场份额（或产业的市场集中度）作为衡量企业（或产业）市场势力的主要指标。比如，在判断企业市场势力大小时，该方法需要确定相关市场并计算企业的市场份额，所计算的市场份额越高则认为该企业市场势力越大。哈佛学派主张，为了保护有效竞争，必须严格控制市场结构，分散企业的市场势力。并认为企业的市场份额越小，整个产业的市场集中度越低，则越有利于竞争。可见，这种分析忽略了竞争过程的动态性，虽然并非以新古典竞争理论为基础，但其对市场势力的研究仍然采取静态的分析方法。

4. 芝加哥学派对市场势力的静态分析传统

20世纪70年代，芝加哥学派取代哈佛学派成为产业组织理论的主流。与哈佛学派不同,芝加哥学派崇尚新古典经济学分析,唯"效率"至上[①]。芝加哥学派对市场势力的研究,沿袭了新古典竞争理论以完全竞争为参照系的分析方法,侧重于研究市场势力与效率两者之间的权衡取舍。

芝加哥学派代表人物德姆塞兹（Demsetz，1973）认为,若不存在明显的市场进入壁垒,则企业获得高利润恰恰是高效率的反映,因为良好的技术、设备及管理必然促使企业扩大规模,从而形成高度集中的市场结构。鲍末尔等（Baumol etc.，1982）提出了可竞争市场理论,由于可竞争市场中不存在进入和退出壁垒,潜在进入者的竞争压力对市场上在位者的行为将施加很强的约束,这将迫使在位企业不得不采取竞争性定价。鲍末尔等通过构建模型,证明了在可竞争市场中,企业市场势力并不必然导致福利受损。

芝加哥学派指出,哈佛学派奉行的"结构主义"忽略了潜在竞争者进入威胁对市场在位者的制约与影响,这样容易高估企业的市场势力。芝加哥学派改进了结构主义方法,在新古典经济学分析的价格理论体系框架中,从需求替代和供给替代（表示潜在竞争）的角度展开对企业市场势力的分析,证实了市场势力的主要影响因素不仅是企业自身市场份额,还有市场需求弹性及从属企业的供给弹性。在芝加哥学派占据主导地位的20世纪80年代,供给替代因素取代了市场份额指标,被认为是影响企业市场势力的最主要因素。

2.2.2 动态竞争理论中的市场势力

动态竞争理论认为,真实世界的市场竞争并不是新古典价格理论模型中的均衡结果,并不是静止的最终状态。真实的竞争应该是一个动态的过程,而企业市场势力对于推动竞争过程的动态发展具有特殊的意义。

1. 熊彼特竞争理论揭示市场势力对创新的意义

熊彼特（Schumpeter，1942）开创性地提出并研究了市场势力与创新的关系。熊彼特指出,对于静态资源配置而言,竞争性市场中的原子

---

① 芝加哥学派推崇的"效率"只是静态分析框架中的资源配置效率,本书的第3章将更全面地分析市场势力的效率。

型企业（Atomistic Firm）或许是最优的企业类型；但从长期来看，大型企业才是技术进步和总产出扩大的最强动力。熊彼特将市场势力描述为"防止企业创新被迅速模仿和利润受到损害的能力"，凭借市场势力获取的超额利润既是对创新者之激励，也是研发资金重要的内部来源，市场势力还可为创新提供技术机遇和市场机遇，故对于企业从事创新活动是必不可少的。基于对市场竞争动态性的理解，熊彼特认为，企业拥有市场势力并不是稳定的，因为后起跟进者的创新必然威胁或替代先行创新者所拥有的市场势力，而这将进一步激励先行创新者从事新的创新。

2. 新奥地利学派强调市场势力在竞争过程中的作用

新奥地利学派强调，竞争不是一个静止的均衡状态，而是一个市场主体动态争胜的过程，故竞争理论应致力于分析导致均衡的竞争过程。在新奥地利学派的市场过程理论中，市场势力是推动动态竞争过程不可或缺的因素。米塞斯（Mises，1966）论述到，市场过程是"企业家在对纯利润进行积极的、富有冒险精神的追求驱动下，一个不断纠错的过程"。柯兹纳（Kizner，1985，2000）指出，市场过程理论真正关注的是利润激励问题，企业家获取利润机会的行为理应获得鼓励性报酬。Ikeda（1994）强调市场势力有利于保护企业家创新收入。

值得重视的是，哈耶克（Hayek，1948）很早就认识到市场势力的复杂性，他认为对"划地为牢"的市场势力和"以高效率为基础"的市场势力应该加以区别。企业拥有"以高效率为基础"的市场势力是有益于市场竞争的，并且也不会持久，因为当其他竞争企业具有更高效率时，则原企业的市场势力会消失。

3. 有效竞争理论突出市场势力的动态性

克拉克（Clark，1940）在熊彼特动态竞争理论的影响下，提出了有效竞争理论。有效竞争理论提出市场的动态竞争由"突进行动"和"追踪反应"两个阶段组成，这两个阶段周而复始。在"突进行动"阶段中，"先锋企业"发起创新，并享受由此带来的高额利润；在随后的"追踪反应"阶段，市场中诸多竞争者在高额利润的激励下，将不断展开技术模仿以期像创新者那样获得超额利润。有效竞争理论中的一个重要观点，即不完全竞争是实现技术进步和创新的必要条件，因为高额利润在鼓励创新者的同时，也激励了后来者模仿创新。克拉克还指出，有效竞争理论着重讨论的是由企业创新形成的市场势力，但也要承认，企业间通过合谋或依靠非经济因素形成的市场势力是有碍竞争的，故区分两种完全不同性质的市场势力很有必要。

4. 新产业组织理论对市场势力来源的新发现

20世纪70年代后期，博弈论和信息经济学的运用，使新产业组织理论得到了飞速发展。新产业组织理论尤其重视动态竞争过程中的企业策略行为，认为这是企业市场势力的重要来源。由于存在着信息不对称、转移成本等市场不完善因素，企业间的策略性互动尤其有助于规模较小的企业获得市场势力。比如，即使只占据相对较小的市场份额，企业仍可通过实施较高程度的品牌差异化及掠夺性定价等策略性行为，改变市场环境并影响竞争对手预期，从而创造出"策略性进入壁垒"（Schwartz and Reynolds, 1983），巩固市场势力。许多学者从不同角度对"策略性进入壁垒"进行了研究，如企业投资于过剩生产能力以构筑市场势力的问题（Dixit, 1980）；企业进行研发活动创造策略性优势（Spencer and Brander, 1983）；通过重复博弈，实现企业间联合以获取利润最大化的均衡（Shapiro, 1989）；以及企业通过"无成本的沟通"（Cheap Talk）达成合谋的问题（Farrell and Matthew, 1996）。

2.3 市场结构与创新的相关性研究

熊彼特（Schumpeter, 1942）最早提出了垄断、竞争与创新相互关系的命题，即著名的"熊彼特假说"。该假说提出了两个层次的问题：第一，创新与市场势力之间存在正向关系；第二，大公司比小公司更有利于创新。熊彼特假说突破了当时主流竞争理论关于完全竞争才是理想效率典范的信条，富有很大的争议性和启迪性。其后，有关熊彼特假说的理论和实证研究，成为了产业组织理论中的热点领域之一。

2.3.1 市场结构与创新的理论模型

1. 关于市场结构与创新绩效的争论

继熊彼特假说提出之后，阿罗（Arrow，1962）的研究具有较大影响，他研究认为竞争性产业中的创新激励比垄断性产业更大，其原因在于垄断者创新前的利润构成了创新的机会成本，因此垄断者更缺乏创新动力。德姆塞兹（Demsetz，1969）就阿罗模型"创新后的不同产业在同样产出水平上利润相等"的假设提出了疑问，认为如果创新前各个产业产出水平相等，由于技术创新使成本降低，则垄断产业的利润增加较竞争性产业更多，所以垄断者从事创新的动力更强。Ng Yew-Kwang（1971）认为，只有当垄断性产业和竞争性产业面对的需求条件相同时，两个产业由于创新技术导致的成本降低程度才是成比例的，这时阿罗模型中"垄断市场结构下创新激励较小"的结论才能成立。继阿罗对熊彼特假说进行研究之后，许多学者的理论研究（Scherer，1967；Barzel，1968；Kamien and Schwartz，1972，1976）和实证研究（Mansfield，1963；Williamson，1965；Scherer，1967）表明，当市场结构介于完全垄断与完全竞争之间时，市场的研发绩效才会达到最优。

2. 市场结构与创新的博弈论模型

Loury（1979）建立了一个技术和市场不确定情况下的一般均衡模型[①]，指出当产业中的企业数量增加时，产业中均衡的企业研发投入将会降低；且只有最先创新成功的企业，才能得到技术创新的成果和收益。Dasgupta 和 Stiglitz（1980）以企业集合为分析对象，用博弈论的分析工具证明，在市场集中度较小的产业中若不存在进入壁垒，则每个企业的研发投入和市场集中度都存在正相关关系。Tandon（1984）从效率角度出发，通过将 Dasgupta 和 Stiglitz（1980）的模型进行扩展，证明了最优的市场结构中企业数量必然较少，这在技术机会较多的产业中更是如此。

---

① 技术的不确定性来源于企业无法确定投入一个研发项目之后，何时能够产生成果；市场不确定性来源于企业对竞争对手何时能够研发成功无法确定。

Pradeep Dubey 和 Chien-wei Wu（2002）通过数理模型分析，证明了竞争程度太高或太低都不利于创新，在市场竞争处于中等激烈程度时，创新最有可能发生。

3. 其他角度的解释

Kamien 和 Schwartz（1974）从专利保护的角度考察了市场集中与创新的关系，发现只有在创新的回报足够多、专利保护期足够长，以及必要的研发投入、折现率和研发竞争足够小的情况下，创新才会发生，因此由专利保护产生的市场集中应该是合理的。Lee 和 Wilde（1980）研究认为，当研发活动中固定成本的重要性高于可变成本时，市场竞争水平的上升将会引起企业研发水平下降。反之，如果研发活动中可变成本的重要性更高，那么市场竞争水平的上升将会促使企业研发投入增加。Romano（1987）构建模型表明，在一个垄断性市场中，如果潜在进入者可以依靠某创新进入市场并获取部分垄断租金，则由此带来的创新激励，将增加产业的创新投入。Cohen 和 Klepper（1996）继承并发展了"产品生命周期"理论，通过构建数理模型证明了产业中总的创新数量不仅与市场结构有关，还与产业发展周期有关。当产业处于兴起阶段，产品创新率高；随着产业的发展，大厂商的市场份额将趋于稳定，过程创新增加而产品创新相对减少。Sang-Seun Yi（1999）构建模型证明了产业集中有利于企业进行过程创新并降低创新成本。

2.3.2 市场结构与创新的经验研究

在以往研究中，验证熊彼特假说的主要方法，是对市场结构与技术创新的关系进行相关性分析，即以衡量某一产业市场结构的指标（通常为集中度或企业规模）与代表技术创新的指标（又分 R&D 投入与 R&D 产出两大类）进行回归以考察两者的相关性。20 世纪 70~80 年代，此类研究在国外大量涌现，学者们得到了不同的检验结果，主要有市场集中度与创新之间呈正相关、两者呈倒"U"型关系、两者呈负相关或无关这三类结论。

由于计量方法相对落后、数据收集困难，以及指标不准确等缺陷的存在（Cohen and Levin, 1989），20 世纪 90 年代以来，关于市场结构与创新相关性的实证研究已出现不多,但本书还是追踪了这些文献,主要有Vossen(1999),Ester Martinez-Ros(2000),Gayle(2001),Anders Oestergard Nielsen(2001)和Lee(2005)等人的研究成果。

1. 市场集中有利于创新

Angelmar(1985)利用1978年160个企业的数据进行了熊彼特假说的检验,发现在研发成本及研发不确定性较高、技术模仿较为容易的产业中,市场集中度与研发密度呈现显著的正相关。Kraft(1989)以1979年57个西德金属加工企业为研究对象,分析了企业创新活动的决定因素,发现不完全竞争与企业创新活动之间存在显著的正相关。Blundell,Griffith和Van Reenen(1995)以英国1972~1982年间375家企业的数据为基础,证明了主导企业的创新数量更多,从而反映出市场势力与创新产出正相关的关系。继而,Blundell,Griffith和Van Reenen(1999)对1972~1982年间在伦敦证交所上市的340家制造业企业数据进行了分析,发现市场份额与研发人员数量、专利数量之间呈显著的正相关。Gayle(2001)将专利引用率衡量创新产出,并用"技术机会"等反映企业与产业特征的因素作为控制变量,通过对1965~1995年间4800家美国制造企业数据的分析,发现市场集中与创新之间存在着显著的正相关关系。Anders Oestergard Nielsen(2001)研究了丹麦制造企业的专利申请现象。通过将1996~1998年区分成3个时间段,检验结果表明产业集中与专利、制造业R&D投入正相关。以上研究在一定程度上验证了熊彼特假说。

2. 市场集中与创新呈倒"U"型关系

Scherer(1967)研究发现,在市场集中度较低时,技术创新的活力随市场集中度上升而提高的趋势较明显;但是当市场集中度继续上升至50%~55%时,进一步的集中却无法再推动技术创新,由此得出了著名的市场结构与创新之间存在倒"U"型关系的结论。继而,Kelly(1970)和Scott(1984)的研究亦支持了倒"U"型关系的存在。Ester Martinez-Ros(2000)以1990~1993年西班牙制造业为经验研究对象,结果表明市场竞争对创新的影响并不是单调的,而是在某段特定区间中发生创新的可能性最大。Lee(2005)指出,市场势力与产业研发密度之间的关系,取决于产业研发的"可占用性"高低。该研究通过对韩国1983年426个五位数制造业数据的分析，证明在研发可占用性较低的产业中，市场集中与研发正相关；而在研发可占用性较高的产业中，市场集中与研发呈倒"U"型关系。

3. 市场集中不利于创新或两者无关

Scherer（1965）利用1955年福布斯500强企业中448家企业的相关数据，对熊彼特假说的有效性进行了检验，结果显示企业的市场份额与创新产出之间并不存在显著相关性。Rosenberg（1976）以福布斯500强企业中前100家为研究对象，作了类似检验，他发现企业市场份额与以研发人员数衡量的研发密度之间，存在显著的负相关性。Acs 和 Audretsch（1988）对美国小企业委员会公布的1982年分布于各产业的8074项技术创新数据进行了分析，研究表明市场集中度与创新活动呈负相关关系。Vossen（1999）基于1988年1292家及1992年648家荷兰制造企业的数据进行检验，结果表明市场集中对同一产业大型企业和小型企业研发支出的影响并无差异，以此证明拥有市场势力并不会促使企业加大研发投入。Gary 和 Scott（1999）利用了1991~1995年74个国家的数据，检验发现市场集中度与创新不存在显著相关性，但市场规模与创新之间呈正相关关系。

4. 其他解释变量的引入

Comanor（1967）以1955~1960年间美国21个产业为考察对象，研究发现在产品差异化不明显的产业中，市场集中度提高会引起企业研发投入的增加，该研究创新性地将产品差异化及市场进入壁垒纳入了分析框架。Shrieves（1978）对1965年411家美国企业进行了分析，结果显示，在相当程度上企业市场份额与创新之间的关系受产品类型及企业所服务的市场类型这两个因素的影响。在工业品市场中，企业市场份额和研发水平之间呈正相关关系；而在消费品市场上，两者却显著呈负相关。Farber（1981）在其特许权模型中引入了市场结构变量，由此建立起一个联立方程模型。发现在卖方市场中，厂商R&D投入将随着买方市场集中度的上升而增加；同时，卖方市场集中度将随着厂商R&D投入的上升而增加。研究还表明，当市场中存在金融与技术壁垒时，企业的R&D活动将明显减少。Acs 和 Audretsch（1987）利用美国小企业委员会1982年调查的

172个创新产业和42个高度创新产业的数据，发现在资本密集型产业、市场集中度较高的产业，以及广告密集度高、产品差异较大的产业中，大型企业相对拥有创新优势；而在创新率较高、技术熟练工人多，以及大企业占市场份额高的产业中，小企业相对拥有创新优势。

从上述经验研究结果来看，市场结构与创新的关系尚无定论，这说明：第一，市场集中和创新的相关关系不具有一般性；第二，产业特点变量（包括需求特征、技术机会、产品差异性等）在解释产业间创新绩效的差异上，似乎比市场结构变量更具解释力。

2.4 开放经济下市场势力问题的研究

随着国际分工向纵深发展，国际市场日益成为企业开展竞争的重要战场。开放经济条件下，企业市场势力的研究已成为一个炙手可热的新兴领域。诚然，已有的封闭经济条件下企业市场势力研究，在很大程度上适用于开放经济条件，毕竟将研究的市场范围进行拓展，并未改变企业市场势力理论的核心本质。因此，国外现有开放经济条件下企业市场势力的研究，主要体现为实证研究的进展。这些研究从两条路径展开：一条路径是探讨国内市场势力与出口绩效的关系；另一路径是基于国际竞争层面，实证研究一国企业在国际市场中的市场势力。

2.4.1 路径一：国内市场势力与出口绩效

开放经济条件下市场势力的研究路径之一，是检验特定产业的国内市场势力与出口绩效之间的相互关系，即分析国内市场势力的存在，对产业出口竞争力究竟是起到促进作用还是抑制作用。从现有文献来看，学者们提出了以下三种不同的观点：

第一种观点认为，本地共谋及限制国内市场的竞争，有助于提高出口产业的国际竞争力。当自由贸易存在运输成本、交易费用等障碍时，允许本国企业对国内外市场实行价格歧视是可行的。因为，当销往本国与海外市场的产品之间存在完全替代关系时，产品在海外市场的需求往往比国内市场的需求更富弹性，故本国商品价格高于出口价格是合理的，国内市场的共谋往往与良好的出口绩效正相关（Brander，1981；Brander and Krugman，1983）。

第二种观点认为，由于国内竞争与国际竞争的区别和界限已随着全球化进程日益加深而弱化，故产品在本国市场的竞争强度与其国际竞争力之间缺乏明确的关联性。Reich（1991）指出，企业在国内市场的竞争强度与其国际竞争力的相互关系正渐趋弱化，因为在开放经济条件下，影响企业竞争环境更为重要的因素是国际市场的竞争强度。所以，一国政府在制定国际性的产业反垄断政策时，不应只考虑国内市场竞争状况。

第三种观点认为，国内市场的竞争程度越强越有利于国际竞争力提升。Porter（1990）的研究表明，激烈的国内竞争将迫使企业加大技术创新和升级力度，以期实现本国商业环境中亟须获取的静态与动态外部性。Porter（1990）的这一观点，是建立在Scherer（1980）所提出的"限制竞争会造成官僚主义和抑制创新"这一思想基础上的。

目前，检验国内竞争与出口绩效关系的实证研究为数不多，结论各不相同。支持国内市场势力能提高出口绩效的实证研究有：Pagoulatos 和 Soresen（1976）考察了美国88个SITC的3位码产业，发现销售商集中度与美国占OECD出口的比重之间呈正相关性。他们认为，当存在贸易壁垒时，拥有国内市场势力的企业将完成更多的出口，原因是这类企业有能力在海外市场进行倾销，同时有能力控制国内市场的价格以扩大海外市场的销售份额。Sakakibara和Porter（2001）通过对1973~1990年日本出口产业中的46类工业品及31类消费品进行经验研究，证实了激烈的国内竞争程度与国际贸易表现存在正相关关系。他们认为国内竞争有助于企业持续进步并增大R&D投入，以替代进口并增加出口。

支持国内市场势力对出口绩效具有消极作用的实证研究有：Yamawaki和Audresch（1988）对日本24个SITC的3位码产业进行了检验，发现制造商集中度与日本企业在美国的市场份额呈显著的负相关关系。他们认为，在集中度较高的日本市场中，贸易前产出水平低且产品价格高的现象降低了产品的出口竞争力。Audretsch和Yamawaki（1988）研究了日本213个SITC4位码产业，发现日本销售商的集中度对日美贸易表现造成了消极影响，而合法的卡特尔联盟对双边贸易的影响并不显著。

2.4.2 路径二：国际市场势力问题

开放经济条件下市场势力研究的路径之二，是分析某国企业（或产业）在特定目标出口市场上面对来自别国竞争者竞争的情况下，所具备的产品价格加成能力。这一路径中，界定市场势力的重要因素——相关市场（Relevant Market）从"国内市场"拓展到了"国际市场"，这赋予了市场势力问题以崭新的研究背景和分析框架。目前，国际市场势力问题的研究主要集中于实证分析。

1. 发达国家企业国际市场势力的实证研究

Patterson 和 Abbott（1994）基于美国小麦和玉米的数据，分析了出口市场结构与美国谷物出口企业制定价格的行为。结果显示，美国谷物出口市场存在歧视性出口定价，并且歧视性定价与市场集中度、出口市场份额、总出口量、目标国进口市场规模因素相关。在其检验结果中，市场结构变量之估计系数很小，表明市场势力的影响较为有限。

Yeger（1996）将新经验产业组织（NEIO）模型扩展到国际市场，并将要素市场与商品市场相联系，对多产品、多要素的短期成本函数与多国出口需求曲线、企业供给曲线进行了同步回归。Yeger 的研究做出了以下贡献：一是检验了特定目标市场的竞争程度；二是估计了特定目标市场上，企业将价格制定于边际成本以上的价格加成能力；三是估计了市场需求弹性及竞争者行为对于企业价格加成的影响。Yeger 利用 1963~1987 年美国木浆产业（SITC 2611）的相关出口数据，通过经验检验得出了以下结论：在所有被检验的出口市场上，美国的溶解型木浆和硫酸盐木浆的市场价格均高于边际成本，说明生产商拥有国际市场势力。并且，溶解型木浆的国际市场势力要大于硫酸盐木浆。

Goldberg 和 Knetter（1999）扩展了剩余需求弹性模型，将其用于检验一国企业在特定目标出口市场上的市场势力。其研究以德国啤酒和美国瓦楞挂面纸为对象，检验结果表明：在多个出口市场上，德国啤酒的市场势力与其竞争者的供给替代密切相关；另外，美国瓦楞挂面纸在澳大利亚市场中拥有较大的市场势力，说明国际市场的不完全竞争特点很明显。

Silvente（2005）认为，Goldberg 和 Knetter 的剩余需求弹性模型为国际市场势力测度提供了一个良好的分析框架。为了更准确地获得边际成本数据，Silvente（2005）将 Knetter（1989）的价格—市场模型（PTM，Price-to-Market Model）与 Goldberg 和 knetter（1999）的剩余需求弹性模型相结合，测度了 20 世纪 80 年代以来，意大利和西班牙瓷砖出口市场的市场势力。研究结果表明，在 1988～1998 年间，意大利和西班牙瓷砖出口商持续受益于其拥有的国际市场势力。

2. 发展中国家（地区）企业国际市场势力的实证研究

大部分经济学家认为，发展中国家（地区）的企业缺乏国际市场势力，因为它们的出口商品在国际市场上面临的需求曲线往往是无限弹性的（Panagariya 等，2001）。Riedel（1988）提出了相反观点，在对香港地区出口市场的研究中，Riedel 改变了出口供给弹性无穷大的假设，并突破了将价格作为外生变量的通行做法，代之以将价格与数量作为需求方程内生变量进行检验。结果表明，出口数量变动与价格之间不存在显著的统计关系，从而得到发展中国家（地区）的企业或小型发达国家（地区）的企业也能具有国际市场势力的结论。显然，这一研究结论对于发展中国家（地区）的企业参与国际竞争具有重要意义。此后，Athukorala 和 Riedel（1991）对韩国出口产品的研究再次证实了这一观点。Harrison（1994）和 Levinsohn（1993）运用 Hall（1988）的方法，测度了土耳其等国的产品在特定出口市场上的价格加成能力。

Riedel 等人的研究引发了激烈的讨论，Athukorala 和 Riedel（1994）指出，对发展中国家（地区）出口市场需求弹性的检验以往通常依据小国（地区）假设，而研究结论大多依靠统计非显著的相关系数，这是一个不可忽视的缺陷。Muscatelli（1994）反驳了 Riedel 的结论，坚持发展中国家（地区）出口产品弹性较高的观点。Aw（1992）研究了台湾地区对美国出口的两类高档鞋类之价格加成能力；Aw（1993）进一步研究发现，台湾地区的鞋类在美国与香港地区出口市场上面临的竞争相当激烈，价格加成能力很弱；但是在德国市场上具备了一定的价格加成能力。Panagariya 等（2001）研究表明，在多边纤维协定下，巴格达对美纺织品出口的需求弹性高达 26，该结果反驳了 Riedel 等人的观点。

2.5 国内相关研究现状

2.5.1 市场势力的理论与实证研究

国内有关企业市场势力问题的理论研究为数不多，主要有：刘志彪等（2003）在新古典分析理论框架下，对产业市场势力的理论及估计方法进行了介绍。杨晓玲（2005）论述了垄断势力与市场势力的各自特点及区别。陈志广（2007）通过交易费用理论，分析了市场力量的效率和非效率性。阐释了非效率市场力量来源于消费者和要素所有者的资产专用性和交易费用；效率市场力量来源于生产要素或要素所有者的相对效率优势，以及企业内要素所有者之间交易费用的节约。张小蒂、朱勤（2007）从理论上提出并探索了当前国际竞争背景下，企业创新与市场势力良性互动的命题。吴延兵（2007）梳理了关于熊彼特假说的主要理论和实证文献，进行了关于企业规模、市场力量与创新关系的理论综述。

从目前国内关于市场势力的实证研究来看，其研究目的主要是通过测度市场势力对垄断行业加以监控，并提供实施反垄断的依据。如赵玻（2005）对零售业，叶泽（2004）对电力产业，罗珺（2003）对商业银行市场，郝冬梅、王秀清（2003）对烟草行业，汪贵浦、陈明亮（2007）对邮电通信业市场势力的检验。上述研究，对于垄断性行业的规制具有重要意义。遗憾的是，上述对市场势力的研究，分析视角基本停留在新古典静态分析框架中，视市场势力为效率的对立面，并没有充分挖掘市场势力与创新之间的内在联系，也未充分考虑市场势力促进创新及推动动态竞争过程的作用。

2.5.2 市场结构与创新的关系

对于熊彼特假说之检验，国内研究沿袭了国外的经验研究传统，进行了一系列市场结构与创新相关性的分析。王子君（2002）利用美国 AT&T 公司拆分案例，研究了垄断与竞争的市场结构对于企业技术创新的影响。研究结果表明，电信业中企业规模与研发投资存在显著正相关关系。

AT&T公司分割后，从受保护的垄断地位转移到竞争性的垄断，促使公司扩大了研发投资。陈志广（2004）利用1995年第三次全国工业普查数据，从产业和企业层面分别分析了利润率与产业集中度、利润率与企业市场份额之间的联系。研究结果表明，我国制造业的利润率与市场集中度呈显著正相关关系。赵玉林、朱晓海（2006）以可竞争市场理论为基础，证明了在行政性垄断市场中，企业创新能力强大但创新动力不足；在竞争性市场结构下，企业创新动力强但创新能力随产业所处不同阶段而呈现不同特点；在过度竞争的市场结构下，企业创新的动力和能力都相对不足。杜传忠（2006）提出应变革市场结构与创新相关性检验的研究范式，并认为以大企业为主导、大中小企业协作共生的"网络型寡占结构"，是推动我国企业自主创新最有效的市场结构。胡川（2006）运用博弈论分析了工艺流程创新对市场结构及市场绩效的影响，证明了在一定条件下，工艺流程创新将使市场结构呈现先集中、后分散的趋势。彭征波（2007）利用2000~2003年我国工业统计数据，以电子、纺织、服装、化学和机械行业为研究对象，进行了企业规模、产业集中度与创新相关性的检验。研究发现，企业规模与创新之间不存在简单的线性关系，不同行业中两者之间可表现为"U"型或倒"U"型曲线的函数关系。

2.5.3 提升国际分工地位的研究

在当今全球技术—分工范式发生深刻变革的过程中，许多产业的全球价值链都呈现出由少数跨国公司主导的特征。发展中国家的企业如何在现有国际分工格局中提升分工地位、增进分工利益，这一直是学者们研究的热点问题。国内学者主要是从技术创新等角度对此问题展开研究。徐冠华（2002）提出我国必须调整以跟踪和模仿为主的发展思路，强调了产业化后期制度创新的重要性；夏先良（2003）讨论了我国产业从OEM到ODM、直至OBM的升级路径；金碚（2004）研究了为实现向高层次、高技术价值链的推进和升级，发展具有自主知识产权的产业技术创新问题；张幼文（2005）认为我国应实现从廉价劳动力优势到稀缺要素优势的转变，以扭转当前不利的分工格局。吴敬链（2006）对中国制造业向"微笑曲线"上下游两端延伸的自主创新及渠道控制等战略进行了探讨。

部分学者讨论了我国企业在国际市场上形成一定程度垄断的合理性与

必要性。冯丽、李海舰（2003）分析了现代垄断区别于传统垄断的新特点，即现代垄断与技术创新密不可分，进而揭示了全球竞争已从竞争范式过渡到垄断范式的趋势。沈蕾（2003）从垄断与竞争的辩证关系出发，分析了当今全球市场的跨国竞争对各国政府反垄断的抑制作用及其形成原因。刘茂松、曹虹剑（2004）基于可竞争市场理论，分析了在经济全球化下，国际企业的垄断能够促进创新并提高产业竞争力。张小蒂、孙景蔚（2006）认为，我国企业在国际竞争中要实现比较利益的增进，尤其应注意对"控制权"的掌握。张小蒂、朱勤（2007）针对当前我国企业处于不利的国际分工格局，从全球价值链的"环"、"链"、"群"三个层次，分别就企业家要素显化、渠道控制和提升产业组织化程度三方面，探讨了企业自主创新与市场势力良性互动的问题。

2.6 现有研究评价

市场势力是经济学竞争理论研究的核心问题，目前主流经济理论强调市场势力是企业将自身产品价格控制于边际成本之上的能力，但也有一些学者探讨了市场势力的外延式内涵。在上述研究基础上，笔者认为应在开放经济条件下，国际市场的动态竞争背景中，认识企业市场势力的内涵。本书对企业市场势力的理解是：在国际竞争的背景下，企业通过全球经济要素整合，在市场动态竞争中争取相对主导地位并持续获取利润的能力。这种相对主导地位具体体现于两个方面：一是产品面临较小的市场需求弹性，较少地受竞争对手的影响，企业制定产品价格从而获取超额利润的自主性较强；二是在国际市场的动态竞争中，企业通过全球要素整合控制战略资源和关键环节，具有出于自身利益而干预合作者与竞争者行为的能力，这体现出了企业在市场中的潜在"影响力"。

在市场势力与创新关系的研究方面，国外有关熊彼特假说的后续研究主要集中于市场结构与创新的相关性检验，这类研究通常将代表市场结构的集中度（或企业规模）指标，与衡量创新的研发产出（或研发投入）指标进行回归分析。事实上，市场集中度或企业规模都不能体现动态竞争中的企业市场势力；综述中表明，一些产业的特征变量（如需求特征、技术机会、产品差异性等）对于解释产业间创新绩效的差异，比市场结构变量更具解释力。

相关性检验的主要缺陷是偏离了熊彼特假说的本意。熊彼特的研究原本是从市场竞争的微观主体层面展开，通过对竞争过程的解构，阐释市场势力对于创新的意义；传统的市场结构与创新的相关性检验抽离了熊彼特假说的思想精髓。并且，受制于研究方法和数据可得性的局限，现有实证研究往往无法分析市场势力与创新之间的内在联系机制，存在着"重中观因果分析，轻微观机理探讨"的缺憾。

在前述综述中可以看到，与国外研究相比较，无论是理论研究还是经验研究，国内相关成果在研究视角及研究内容等方面均显得较为薄弱。国内研究之主要局限及本书试图做的改进工作如下：

第一，目前国内有关市场势力的研究，大多停留在静态竞争理论的分析框架中，将市场势力视为效率的对立面。对于市场势力的研究目的，主要集中于垄断程度测度、垄断行业政策规制分析等，其研究结论往往强调对企业市场势力进行规范与治理。大部分研究用市场集中度、企业规模等结构性指标衡量市场势力，忽视了动态竞争过程中企业市场势力与创新之间的内在联系。以上静态分析视角的局限，阻碍了理论界对于市场势力创新效率的重视与认识。本书第3章将针对这一缺憾，归纳并比较市场势力的静态与动态分析视角，阐释市场势力的创新效率，尝试丰富国内的市场势力理论研究。

第二，国内对熊彼特假设的研究，基本继承了国外学者有关市场结构与创新相关性检验的传统，同样存在着"重中观因果分析，轻微观机理探讨"的缺陷。继第3章对市场势力的创新效率进行分析之后，本书将在第5章、第6章分别从纵横向维度阐述基于创新的市场势力形成机制。进而完整地论述市场势力与创新的互动关系，从微观层面研究企业市场势力的形成机理。

第三，国内现有关于市场势力的研究，主要局限于封闭经济之中，而国际竞争背景下企业市场势力的相关研究成果尚属鲜见。部分研究仅停留于对我国企业在海外市场过度竞争现状的批判，未能深入分析国际竞争中我国企业如何克服过度竞争，实现市场势力与创新良性互动的局面。随着我国企业加速融入国际分工体系，开放条件下企业市场势力研究需要引起学术界的紧密关注，国内学者应在借鉴并完善国外已有研究方法的基础上，结合我国特有的要素禀赋条件和产业竞争特点，分析我国企业如何在国际竞争中实现市场势力与创新的互动，以改变不利的国际分工地位并实现分工利益增进。

第3章 市场势力的创新效率分析：从静态到动态视角转变

学术界对于市场势力的研究形成了两类截然不同的分析视角，即静态分析（Static Analysis）与动态分析（Dynamic Analysis）视角。动态视角将技术创新纳入到分析框架之中，揭示了市场势力的内在合理性。笔者认为，"效率观"是两类分析视角差异的根源，通过对经济学意义上的"效率"进行分解，本章阐释了市场势力的"创新效率"及其具体体现，进而借助数理分析说明了市场势力促进创新激励的问题。

3.1 从静态向动态分析视角的转变

在以新古典竞争理论为代表的静态竞争理论中，"完全竞争"被视为最理想的效率典范，而企业的"市场势力"则是完全竞争的对立面——即价格偏离边际成本的程度。静态分析视角以新古典价格理论模型为主导，运用局部均衡的分析方法，从静态资源配置的角度来理解市场势力。主导企业价格领导模型（Dominant Firm Price-Leadership Model），即 DEPL 模型即为一种典型的衡量市场势力的静态分析方法，通过对该模型的分析，可以反映静态分析的局限性[①]。

DEPL 模型假设市场中的企业分为占优势地位的"主导企业"和居从属地位的"边缘企业"两大类，主导企业是价格制定者，边缘企业是价格接受者。若将所有边缘企业视作一个整体，P_1 表示边缘企业"接受"

[①] DEPL 模型被广泛应用于产业经济学的理论与经验研究中，被称为企业市场势力分析的基础。本书对 DEPL 模型的表述参考的是 Waterson（1984）的版本。

主导企业制定的产品价格，边缘企业的供给函数为 Q_F：

$$Q_F = Q_F(P_I) \tag{3-1}$$

设 Q_R 是主导企业的产出，Q 为市场上的总产出，则主导企业面临的需求条件为：

$$Q_R(P_I) = Q(P_I) - Q_F(P_I) \tag{3-2}$$

主导企业为实现利润最大化，会将价格制定为：

$$\frac{P_I - MC_R}{P_I} = \frac{1}{\eta_R} \tag{3-3}$$

上式中 η_R 为主导企业共同面临的需求弹性，结合式（3-2）可得：

$$\eta_R = -\frac{P}{Q_R} \times \frac{dQ_R}{dP} = -\frac{P}{Q_R} \times \frac{dQ}{dP} + \frac{P}{Q_R} \times \frac{dQ_F}{dP} \tag{3-4}$$

将 R 定义为主导企业的市场份额即 Q_R/Q，式（3-4）经过变形可得：

$$\eta_R = \frac{\eta_I}{R} + \left(\frac{1-R}{R}\right)\eta_S \tag{3-5}$$

式（3-5）中 η_I 表示整个市场的需求弹性，而 η_S 为边缘企业的供给弹性。结合（3-3）式可得主导企业的市场势力，即价格偏离边际成本 MC 的幅度：

$$\frac{P - MC}{P} = \frac{R}{\eta_I + (1-R)\eta_S} \tag{3-6}$$

DEPL 模型归纳出主导企业的市场份额 R、边缘企业的供给弹性 η_S 以及市场需求弹性 η_I 是影响企业市场势力的三个主要因素。这些因素的发现为分析企业市场势力提供了基础。然而，通过对 DEPL 模型的考察，可以发现市场势力的静态分析存在着以下几处局限性：

其一，DEPL 模型所代表的静态分析将完全竞争状态作为分析基准，认为市场势力"必定"导致福利损失。然而，正如哈耶克所批判的："竞争的本质特征通过完全竞争的静态分析假设被抽掉了"（Hayek, 1948）；熊彼特（1942）也指出完全竞争理论"本质上是反竞争的"，"没有资格被树立为理想效率的典范"。静态分析中的市场势力只是表示企业将价格制定于边际成本之上的静态均衡结果，因而使市场势力与资源配置和生产无效率自然地联系在一起。这样的分析方法无疑忽略了市场势力在导致均衡产生的竞争过程中所能起到的积极作用。

其二，市场份额 R 是 DEPL 模型中衡量企业市场势力的重要指标，但并不能很好地体现企业对产品价格的控制能力①。一方面，企业的市场份额低并不意味着其市场势力弱，以市场份额为主要指标的静态分析方法衡量的只是"结构性市场势力"，而无视"行为性市场势力"（Schwartz and Reynolds，1983）。事实上，企业即使只占相对较小的市场份额，也可以通过竞争行为来获取市场势力。另一方面，企业的市场份额高也并不意味着其市场势力强。现实中许多企业通过低价竞争暂时获取了高市场份额，但其长期的价格控制能力和盈利能力并不能得到有效保证。

其三，静态分析通常不考虑厂商间的策略互动对市场势力的影响。一些学者指出，DEPL模型的推导过程并不能反映产业中的主导企业比边缘企业更强势，或能获得更多利润。相反，公式（3-2）可以被理解为主导企业的行为明显要受到边缘企业供给的限制，这就使得模型中"主导企业制定价格"的假设令人怀疑，价格似乎也部分地受到边缘企业整体行为的影响（Young，1997）。

从第2章的理论梳理可以发现，随着现代动态竞争理论的发展，经济学家开始以动态分析视角去理解和研究市场竞争，"竞争"被认为是一个动态的市场过程，而不只是新古典价格理论模型中的均衡结果。熊彼特的动态竞争理论、新奥地利学派的竞争过程理论、克拉克的有效竞争理论及鲍末尔的可竞争理论都突破了静态竞争理论分析框架的限制，这些理论都揭示出市场势力具有积极意义。以上理论采取的是动态分析视角，相对于静态分析视角而言具有以下特点：

一是在市场势力的价值判断上，动态分析视角强调了市场势力对于技术进步的作用，揭示了企业市场势力具有重要的福利效果。而市场势力的静态分析方法，以完全竞争状态作为分析基准，市场势力只是企业将价格制定于边际成本之上的结果，故自然将市场势力与资源配置无效率和生产无效率联系在一起。

二是在市场势力的分析方法上，动态分析视竞争为一个发展过程，将时间、技术、市场主体的策略性互动等与市场竞争紧密相关的因素引入分析框架。这些因素不可能出现在传统的静态分析中，故动态分析在很大程

---

① 20世纪80年代以前，哈佛学派确定企业市场势力的方法就是以市场份额为中心的"结构法"，企业的市场份额越高说明其市场势力越大。20世纪80年代以后的芝加哥学派，虽然强调竞争者的供给替代性对于衡量企业市场势力的重要性，但也将企业自身的市场份额作为判断市场势力的主要指标。这种判断方法一直延续至今，被大量应用在反垄断之中。

度上突破了传统分析只注重"结构性市场势力",而无视"行为性市场势力"的局限(Schwartz and Reynolds,1983)。

三是在市场势力来源的认识上,动态分析不仅看到市场势力是企业进行价格加成(Mark-up)的结果,而且更关注价格加成背后的原因,诸如产品差异化、技术创新、改变市场环境、与竞争对手及消费者之间的策略性互动等获取市场势力的手段。但在静态分析中,无论是技术还是制度都被固化,企业市场势力的主要来源被认为是对产品价格的控制。

3.2 动态分析视角下市场势力的创新效率

3.2.1 经济学意义上的效率与企业市场势力

上面归纳出理论界对市场势力的研究形成了静态和动态这两类截然不同的分析视角。笔者认为,在对市场势力的价值判断、分析方法和来源的认识上,两类分析视角之所以存在极大区别,根源在于"效率观"的差异。通过将经济学意义上的效率目标进行分解,可以清晰地揭示出市场势力具有不同的效率特征。

经济学意义的"效率"可被划分为配置效率、生产效率和创新效率三类(Joshph,1987)。从不同的效率视角出发,企业市场势力也具有不同的效率特征,如表3-1所示。

表3-1　　　　　　　　　三种效率的比较

效率的类型	重要程度	可衡量性	
		事前	事后
配置效率	最次	不可衡量	较难衡量
生产效率	其次	不可衡量	可以衡量
创新效率	最高	不可衡量	较难衡量

资料来源:Joshph F. Brodley, the Economic Goals of Antitrust: Efficiency, Consumer Welfare, and Technological Progress [J]. New York University Law Review, 1987, 62: 1031。

其一是稀缺要素的"配置效率"。在新古典经济学框架下，生产要素"配置"是否优化是效率的主要决定因素，在完全竞争的市场结构中，市场在边际收益等于边际成本时出清，此时商品价值等于所使用资源的机会成本，即配置效率达到了最优，经济福利即消费者剩余和生产者剩余总和实现了最大化。由于配置效率着重体现在使"福利损失三角形"面积变小的改进上，但是厂商市场势力增加将扩大"福利损失三角形"的面积，故从配置效率的角度看，厂商市场势力是有损效率的，不利于要素的优化配置。

其二是厂商的"生产效率"。生产效率即在产出和技术水平不变的情况下，厂商通过降低成本而实现社会福利增进的效率。众所周知，内部规模报酬递增效应来自厂商规模扩张引致的成本节约和效率提升，这表明了厂商的经营活动将直接影响自身效率。规模报酬递增效应的揭示，突破了传统理论中对厂商具有固定生产效率的假设，使经济学家日益重视将厂商的内部生产效率纳入研究框架。需要说明的是，"生产效率"和"配置效率"一样，均属于静态效率。而从生产效率的角度考察，厂商市场势力对于效率的作用是不确定的。

其三是"创新效率"。创新效率是指技术进步提高了全要素生产率，从而促进了长期的社会福利增进。经济学家们认为，创新效率相对于配置效率和生产效率而言更为重要，因为创新效率属于"动态"效率，从长期来看能够使社会获得比静态效率更多的收益（Josph，1987）。从创新效率的角度考察，厂商市场势力对于效率的作用亦是不确定的，厂商市场势力过大固然使其缺乏创新的动力；但是，市场势力不足也有碍于厂商有效地从事创新，而后者正是被静态竞争理论忽视，却为动态竞争理论所强调。

综上所述，静态分析只看到了市场势力造成"静态效率"尤其是"配置效率"的损失；而通过将技术进步因素纳入分析框架，现代动态竞争理论揭示了市场势力能够增进"创新效率"，强调了被静态分析所忽略的市场势力之重要意义。

3.2.2 市场势力创新效率的体现

笔者认为，全面认识企业市场势力非常必要，既要承认市场势力有传统静态分析中所强调的缺乏效率的一面；又要重视企业市场势力具有增进

"创新效率"的积极意义。

当企业市场势力具有的创新效率促进经济社会发展的效果明显,并抵消了市场势力所造成的效率损失,则市场势力对社会福利"净效应"的影响可以为正。值得注意的是,创新活动具有极强的外部经济性,一些研究估计创新的社会收益率约为私人收益率的3倍(见表3-2)(张小蒂、朱勤,2007),故市场势力的创新效率应该引起学术界的高度重视。市场势力对于创新效率的提升作用,体现在市场势力为创新提供了内生的动力机制、盈利机制和需求保障机制这三个方面:

表3-2 一些研究估计的创新(或R&D)私人收益率与社会收益率

序号	著者(年份)	私人(a)	社会(b)	外溢比例(b-a)/b
1	Nadiri(1993)	20~30	50	40~60
2	Mansfield(1977)	25	56	55
3	Terleckyj(1974)	29	48~78	40~63
4	Sveikauskas(1981)	7~25	50	50~86
5	Goto & Suzuki(1989)	26	80	67.5
6	Bernstein & Nadiri(1989)	10~27	11~111	70
7	Scherer(1982,1984)	29~43	60~147	65
8	Bernstein & Nadiri(1991)	15~28	20~110	67
9	Wolff(1997)	10~12.5	53	79
	平均	23.1	64.6	64

资料来源:Wolff, E. Spillovers, Linkages and Technical Change [J]. Economic Systems Research, 1997, 9: 9~24.

其一,市场势力为企业提供了创新动力。动态竞争过程中,市场势力具有的活跃性即可转移性是促进企业竞相创新的外在强制力量,企业通过创新获得市场势力,将对其他竞争者形成良好的示范效应和有效激励,从而促使竞争者进行模仿创新或通过创新实现差异化;一旦这些竞争企业在同类或相似产品上因拥有新优势而形成替代,市场势力会从原来的企业逐步转移到新的企业。竞争者出于获得并维持市场势力的动机,将运用各种手段展开相互竞争,采取种种策略进行相互博弈,这恰恰构成了动态竞争的内容。

从根本上说,企业创新的动力来自市场,而保持或拥有市场势力是企业从事创新活动的重要出发点。很多企业明知创新对自身发展具有十分重要的意义,却缺乏足够的"动力"去创新,其主要原因在于对创新的收益缺少足够的预期,而基于专利、知识产权和品牌建设等形成的市场势力将有力地保护企业的创新成果,防止创新被迅速模仿,从而保证了企业创新的积极性。

其二,市场势力提高了企业的创新能力。依靠知识产权、组织网络、市场渠道等构筑起的市场势力,为企业的自主创新提供了技术来源和市场机遇;有利于提升企业对外部资源的整合能力,实现内外部协同创新,从而降低了企业的创新成本和风险;并且,市场势力获得的利润还可源源不断地为企业创新提供资金支持,保证了创新的可持续性。

其三,市场势力能确保创新更符合市场需求和经济规律。拥有市场势力的企业更能清晰地洞察市场需求及其变化规律,并根据用户的意见反馈不断改进技术和产品,从而有利于企业创新的成功率提高。此外,市场势力不仅保证了市场中"显性"需求的及时反馈,还可超前地挖掘出市场中的"隐性"需求,使企业通过推出全新产品"创造"出现实的市场需求。

3.3 市场势力与创新激励

上面的分析反映出,企业市场势力带来的创新效率增进不容忽视,为了进一步说明问题,本书借助 Greenstein 和 Ramey(1998)的"市场结构、创新与垂直产品差异化"模型[1],改变了其有关市场竞争状况假设,将该模型应用到厂商层面市场势力与创新激励的分析[2]。通过该模型的分析,可说明在受到竞争者威胁的情况下,拥有市场势力对于激励厂商从事创新是极为重要的。此分析还说明在创新突破一定阈值的情况下,厂商市场势力引致的创新效率可超越完全竞争市场中的静态资源配置效率,具有更大的福利效果。

---

[1] Greenstein, S. and Ramey, G. Market structure, Innovation and Vertical Product Differentiation [J]. International Journal of Industrial Organization, 1998, 16 (3): 285–311.

[2] 参考了 Shaked and Sutton(1983),Romano(1987)的研究。

3.3.1 模型构建与假设

1. 厂商市场势力假设

存在着两个产品市场即老产品市场和创新后的新产品市场。假设新产品由于受专利保护，其生产厂商总是能获取垄断利润即拥有市场势力。但在老产品市场中，生产厂商拥有市场势力的情况不同，并由此决定了整个市场类型存在差异。具体而言，有以下三种可能的情形：

第一种情形，老产品市场的厂商拥有"不受竞争者威胁的市场势力"，设想在不受竞争者威胁的情况下，该厂商完全垄断了技术（或能够取得稳定的新技术专利许可），厂商可主动决定是否向市场提供新产品。这种情况下，该厂商显然同时拥有老产品和新产品两个市场的市场势力，可将该类型的市场标识为 A 型市场。在 A 型市场中，设老产品和新产品的产量分别为 Q_1^a 和 Q_2^a，该垄断厂商有两种选择：一是不进行创新，只向市场提供老产品，其产量为 Q_1^{ao}；二是进行创新，其利润从新老产品市场共同获得，以 W^a 表示。进行创新前，该厂商本身在老产品市场能获取超额利润 W^{ao}，这构成了其创新的机会成本[①]。因此，对于拥有"不受竞争者威胁的市场势力"的厂商，创新激励即为 $W^a - W^{ao}$。

第二种情形，老产品市场的厂商拥有"受竞争者威胁的市场势力"，设想该厂商虽然在老产品市场上拥有市场势力，但面临着来自潜在竞争者的威胁，即一旦潜在竞争者创新成功，则新产品市场将被创新者垄断。若是如此，新产品和老产品市场将分别为新老两家厂商垄断，可将这种双寡头格局的市场标识为 B 型市场。在 B 型市场中，设老产品和新产品的产量分别为 Q_1^b 和 Q_2^b，老产品厂商获得的超额利润为 W^{bo}。但是，老产品厂商也有可能击败潜在的竞争对手，以实现在新产品市场的垄断，则其在新老产品获得的总利润为 W^a。因此，对于拥有"受竞争者威胁的市场势力"的厂商，创新激励即为 $W^a - W^{bo}$。

第三种情形，老产品市场的厂商没有任何市场势力，这意味着老产品

[①] Arrow（1962）就认为，垄断市场中创新的收益部分代替了创新前垄断获得的租金，这使垄断者创新的机会成本更高。

市场是完全竞争性的,若某厂商(或市场新进入者)成功进行了创新,则该厂商将在新产品市场拥有市场势力。可将这种市场类型标志为 C 型,设老产品和新产品的产量分别为 Q_1^c 和 Q_2^c,新产品市场的垄断厂商能够获取的超额利润为 W^c。显然,在老产品市场任何厂商都没有市场势力的情况下(即市场是竞争性的),创新的激励就是 W^c。

至此,在架构了"不受竞争者威胁的市场势力"之创新激励 $W^a - W^{ao}$、"受竞争者威胁的市场势力"之创新激励 $W^a - W^{bo}$,以及竞争性市场之创新激励 W^c 之后,再以竞争性市场的创新激励 W^c 作为基准,就可以比较厂商市场势力所产生创新激励的大小。

2. 产品创新与消费者需求的假设

设老产品生产的规模报酬不变,以 C_1 为单位生产成本;设新产品的可变生产成本为 C_2。假设存在一个消费者序列 $\theta \in [0, 1]$,每个消费者 θ 具有不同偏好,并以相同的间隔分布在这个消费者序列中,θ 数值越大,表示消费者愿意支付的产品溢价越高。并且,相对于老产品而言,各消费者愿意为新产品支付更高的溢价,即新产品比老产品更有吸引力(但老产品由于价格优势还是有市场的)。各消费者或需要 0 单位的产品,或需要 1 单位的产品。根据以上假设,设新老产品的价格分别是 P_2、P_1,消费者 θ 选择新产品所获净效用为 $\delta f_2(\theta) - P_2 (\delta > 0)$;选择老产品所获净效用为 $f_1(\theta) - P_1$,条件 $f_1(1) > C_1$ 成立。效用函数 $f_1(\theta)$ 和 $f_2(\theta)$ 均呈二阶连续可微分,且 $f_1(0) = f_2(0) = 0$;对于所有 θ,$f_1'(\theta) > 0$ 且 $f_2'(\theta) > 0$。存在着 δ 满足 $\delta \geq \underline{\delta} > 0$,使得 $\delta f_2(1) - C_2 = f_1(1) - C_1$,且对于所有的 θ,$f_1'(\theta) < \underline{\delta} f_2'(\theta)$。假设 $f_2'(0) \leq C_0$,存在边际消费者 θ_x,使得 $f_1(\theta_x) - P_1 = 0$,则消费者序列中 $0 \leq \theta < \theta_x$ 的消费者将选择不购买任何产品。存在边际消费者 θ_y,使得 $f_1(\theta_y) - P_1 = \delta f_2(\theta_y) - P_2$,则消费者序列中 $\theta_x < \theta < \theta_y$ 的消费者,选择购买老产品以最大化其效用;$\theta_y < \theta \leq 1$ 的消费者将选择购买新产品以实现其效用最大化。

设 $Q_1 \equiv \theta_y - \theta_x$,$Q_2 \equiv 1 - \theta_y$,根据上述条件,可得到反需求函数:

$$P_1 = f_1(1 - Q_1 - Q_2) \tag{3-7}$$

$$P_2 = vf_2(1 - Q_2) - f_1(1 - Q_2) + f_1(1 - Q_1 - Q_2) \tag{3-8}$$

3.3.2 不受威胁的市场势力与创新激励

结合式（3-7）和式（3-8），可得厂商在拥有"不受竞争者威胁的市场势力"情况下，从事创新后同时垄断新老产品市场的利润函数 W^a：

$$W^a = [f_1(1-Q) - C_1][Q - Q_2] + [\delta f_2(1-Q_2) - f_1(1-Q_2) \\ + f_1(1-Q) - C_2]Q_2 \\ = [f_1(1-Q) - C_1]Q + [\delta f_2(1-Q_2) - f_1(1-Q_2) + C_1 - C_2]Q_2$$

(3-9)

式（3-9）中厂商总产出 $Q = Q_2 + Q_1$，由式（3-9）可知，W^a 表达式的第一项取决于 Q，第二项则取决于 Q_2。利用引理（参见附录1）可知存在着 δ_x 和 δ_y，使得当 $\underline{\delta} \leq \delta \leq \delta_x$，满足 $Q_1^{ao} = Q_1^a + Q_2^a$，$Q_2^a = Q_2^c$。所以，在 A 型市场中，厂商的最大利润为：

$$W^a = [f_1(1-Q^{ao}) - C_1]Q^{ao} + [\delta f_2(1-Q_2^c) - f_1(1-Q_2^c) + C_1 - C_2]Q_2^c \\ = W^{ao} + W^c$$

(3-10)

而当 $\delta > \delta_x$ 时，对于 $\delta_x < \delta < \delta_y$，$Q_2^c > Q_2^a$ 成立，且 $Q_2^a < Q_2^e$ 成立①。再者，对于 $\delta \geq \delta_y$，$Q_2^c > Q_2^a$ 成立。由上面的假设可知，若 $W^a - W^{ao} < W^c$，则说明竞争性市场的创新激励更强，反之，厂商拥有"不受竞争者威胁的市场势力"之创新激励更强。将 $W^a - W^{ao}$ 函数整理为只以 δ 为自变量的表达式：

$$W^c(\delta) - [W^a(\delta) - W^{ao}] = W^c(\delta_x) - [W^a(\delta_x) - W^{ao}] \\ + \int_{\delta_x}^{\delta} \left[\frac{\partial W^c(t)}{dt} - \frac{\partial W^a(t)}{dt}\right]dt = \int_{\delta_x}^{\min\{\delta, \delta_y\}} [f_2(1-Q_2^c)Q_2^c \\ - f_2(1-Q_2^a)Q_2^a]dt > 0$$

(3-11)

结合附录1中的（3）式可知，当 $Q_2 \leq Q_2^e$ 时，则在相应区间内，$Q_2^a < Q_2^c \leq Q_2^e$ 成立，同时 $f_2(1-Q_2)Q_2$ 随 Q_2 严格递增，故式（3-11）为正。

综上所述，当 $\underline{\delta} \leq \delta \leq \delta_x$，式（3-10）成立，说明如果老产品定价约束了新产品的定价②，在厂商具备"不受竞争者威胁的市场势力"与"不

---

① Q_2^e 由引理证明中的（1）式 $f_1(1-Q_2^e) - C_1 = 0$ 确定，$Q_2^a < Q_2^e$。

② 对于每个消费者而言，如果新产品和老产品以相同的价格出售，由于新产品能够提供新价值和效用，消费者当然会选择购买新产品。但是当老产品的价格更低，出于价格因素的考虑，部分消费者会选择继续购买老产品而放弃使用新产品，这迫使新产品生产者不能随意提高价格，这种情况即为老产品定价约束了新产品定价。

具备市场势力"两种情形下,创新激励是相同的。而当 $\delta > \delta_x$,式(3-11)成立,说明当老产品定价对新产品定价无影响时,竞争性市场的创新激励更强。从理论上解释,这正是由于当厂商不受潜在竞争者威胁时,从老产品市场中原本能获得的超额利润构成了创新的机会成本,因此厂商进行创新的动力更弱。

3.3.3 受威胁的市场势力与创新激励

当 $\delta_x < \delta < \delta_y$ 时,满足条件 $Q_1^b < Q_2^c$,以及 $\text{sign}[Q_2^c - Q_2^b] = \text{sign}[Q_2^b - Q_1^b]$。令 δ 为常数,C_1 为参数,以 $\underline{C_1}$ 表示老产品单位成本的下限,可知存在 C_1^x 和 C_1^y,满足 $\underline{C_1} < C_1^x < C_1^y$。当 $C_1^x < C_1 < C_1^y$(对应 $\delta_x < \delta < \delta_y$)时,老产品效用函数在 $1 - Q_1^b - Q_2^b$ 处取得下限,新产品效用函数在 $1 - Q_2^b$ 处取得上限。将 C_1 作为自变量之一,可得:

$$W^a - W^{bo}(C_1) - W^c(C_1) = [W^a - W^{bo}(C_1^y) - W^c(C_1^y)]$$
$$+ \int_{C_1}^{C_1^y} \left(-\underline{f_1'} Q_1^b \frac{\partial Q_2^b}{\partial C_1} + Q_2^b \right) dC_1 = \int_{C_1}^{C_1^x} \frac{1}{\Delta} [-\underline{f_1'} Q_1^b (-\underline{f_1} Q_2^b + \underline{f_1'})$$
$$+ \Delta Q_2^c] dC_1 \tag{3-12}$$

式(3-12)中 $\Delta \equiv -\underline{f_1}\,\underline{f_1'}(Q_1^b + Q_2^b) + 3(\underline{f_1'})^2 + (\underline{f_1} Q_1^b - 2\underline{f_1'})$
$$\cdot [(\delta \overline{f_2} - \overline{f_1}) Q_2^b - 2(\delta \overline{f_2'} - \overline{f_1'})] > 0$$

式(3-12)中最后一个被积函数的分子可变形为:
$$\underline{f_1}\,\underline{f_1'} Q_1^b Q_2^b - (\underline{f_1'})^2 Q_1^b - \underline{f_1}\,\underline{f_1'}(Q_1^b + Q_2^b) Q_2^c + 3(\underline{f_1'})^2 Q_2^c$$
$$+ (\underline{f_1} Q_1^b - 2\underline{f_1'}) \cdot [(\delta \overline{f_2} - \overline{f_1}) Q_2^b - 2(\delta \overline{f_2'} - \overline{f_1'})] Q_2^c \tag{3-13}$$

式(3-13)的最后一项严格为正,而余下的几项可整理成:
$$\underline{f_1}\,\underline{f_1'} Q_1^b (Q_2^b - Q_2^c) + (\underline{f_1'})^2 (3Q_2^c - Q_1^b) - \underline{f_1}\,\underline{f_1'} Q_2^b Q_2^c \tag{3-14}$$

利用 $Q_1^b < Q_2^c$ 可知,式(3-14)的第二项严格为正,而第三项也明显为正。判断第一项是否为正,可采取反证法。若 $Q_2^b \geq Q_2^c$,那么 $\text{sign}[Q_2^c - Q_2^b] = \text{sign}[Q_2^b - Q_1^b]$ 正说明了 $Q_1^b \geq Q_2^b$,然而这与 $Q_2^b > Q_1^b$ 相矛盾,因此必然有 $Q_2^b < Q_2^c$,故式(3-14)第一项亦为正。

由此可知,当 $\delta_x \leq \delta < \delta_y$,有 $W^a - W^{bo} > W^c$。说明当老产品定价约束了新产品定价时,厂商拥有"受竞争者威胁的市场势力"与"不具备市场势力"两种情形相比,前者的创新激励更强(这是此分析最为重要的结论)。从理论上解释,来自潜在竞争者创新的威胁将使老产品厂商原本可能获得的垄断租金被耗散(Gilbert and Newbery, 1982),这降低了老产品厂商从事创新的机会成本,故增强了其创新的动力。另一方面,当老产品市场是竞争性的,老产品较低的定价将对新产品构成激烈的竞争,从而降低了厂商从新产品市场获得超额利润的预期,这将降低厂商从事创新的动力。

3.3.4 福利效应

首先,考察厂商拥有老产品市场的市场势力,进而通过创新又拥有了新产品市场的市场势力,此情况下的社会剩余以 S_I^a 表示。则有:

$$S_I^a = \max\{Q_1^{ao} - Q_2^a, 0\} \int_{1-Q_1^{ao}}^{1-Q_2^a} [f_1(\theta) - C_1] d\theta + \int_{1-Q_2^a}^{1} [\delta f_2(\theta) - C_2] d\theta$$

(3-15)

由附录 1 中的 (5) 式、(6) 式可知,当 $\underline{\delta} < \delta \leq \delta_x$ 时,Q_2^a 对于 δ 严格递增;当 $\delta > \delta_x$ 时,Q_2^a 对于 δ 严格递增。因此,S_I^a 对于 δ 也严格递增。

继而考察老产品市场是完全竞争性的(无任何厂商拥有市场势力),虽然配置效率达到最优,但也无厂商从事创新时的社会剩余 S_{NI}^c:

$$S_{NI}^c = \int_{1-Q_2^c}^{1} [f_1(\theta) - C_1] d\theta \qquad (3-16)$$

当 δ 趋近于 $\underline{\delta}$ 时,有 Q_2^a 趋近于 0,又由引理证明中的 (1) 式和 (9) 式可知 $Q_2^c > Q_1^{ao}$;因此,当 δ 足够接近 $\underline{\delta}$ 时,$S_{NI}^c > S_I^a$ 成立。而当 $\delta = \delta_y$ 时,有 $Q_2^a = Q_2^c$,结合附录 1 中的 (7) 式、(8) 式可得:

$$\delta f_2(1 - Q_2^c) - C_2 > f_0(1 - Q_2^c) - C_0 \qquad (3-17)$$

因此,仅存在一个满足 $\underline{\delta} < \delta^* < \delta_y$ 的 δ^*,当 $\delta = \delta^*$ 时,$S_2^a = S_{NI}^c$。当 $\delta < \delta^*$ 时,$S_I^a < S_{NI}^c$;而当 $\delta > \delta^*$ 时,$S_I^a > S_{NI}^c$。这说明存在一个创新阈值 δ^*,突破该阈值时,厂商拥有市场势力引致的创新效率,可以超越竞争性市场静态的资源配置效率,从而具有更大的福利效果。

3.4　小结

市场势力的静态分析视角运用局部均衡的经济学分析方法，着重考虑资源的静态配置问题，将"市场势力"视为完全竞争的对立面，存在较大的理论局限性。动态分析视角强调了市场势力对技术进步的作用，并揭示了企业市场势力具有重要的福利效果，突破了传统静态分析的固有局限。

事实上，"效率观"是两类分析视角差异的根源。经济学意义上的"效率"目标可被分解为配置效率、生产效率和创新效率三类，其中创新效率是最为重要的效率类型。静态分析只看到了市场势力造成配置效率及生产效率的损失，而动态分析发现了市场势力能够促进创新效率的提升。

本章基于动态分析视角，阐释了市场势力创新效率的具体体现。一定程度的市场势力不仅为企业提供了创新动力，还将提高企业的创新能力并确保企业创新更符合市场需求和经济规律。若市场势力带来创新效率促进经济社会发展的效果明显，并抵消了其造成的生产效率和配置效率的损失，则市场势力对社会福利"净效应"的影响可以是正的。

为了进一步说明问题，即研究市场势力促进创新效率并增加福利净效应的条件，本章在借助 Greenstein 和 Ramey（1998）模型的基础上，进行了企业市场势力与创新激励的分析。分析说明对于动态竞争中受竞争者威胁的厂商，拥有市场势力更有利于激励其创新。在创新突破一定阈值的情况下，厂商市场势力引致的创新效率可超越完全竞争市场中的静态资源配置效率，具有更大的福利效果。

既然市场势力对于企业创新具有重要意义，那么我国企业在国际竞争中是否拥有理想的市场势力？本书第 4 章将以电子信息业为例，通过实证分析揭示当前国际竞争格局中我国本土电子信息企业的市场势力状况。

第4章 国际竞争中我国电子信息业市场势力的特征事实

本章选取电子信息业为对象①,实证研究国际竞争中我国企业市场势力的现状。本章首先对我国电子信息业各子行业的市场集中度进行了测算;进而,运用丰富的数据和案例,从进出口价格、价值链分工利益、盈利能力等角度揭示出我国电子信息企业市场势力缺失的特征事实。最后,运用Goldberg和Knetter(1999)的剩余需求弹性模型,对SITC(Rev.3)76222产品的国际市场势力进行了经验检验。

4.1 电子信息业:产业选取说明

本书选取电子信息业作为实证研究对象,主要基于以下三方面的原因:第一,电子信息业存在的规模经济、网络效应及"赢家通吃"等特征,决定了行业中少数企业形成主导性市场地位的必然性,这些企业必然拥有较强的市场势力。第二,虽然市场结构的寡头垄断特征明显,但电子信息业中寡头企业的研发强度却高得惊人。这说明该行业是企业市场势力与创新之间应形成良性互动的典型行业。第三,电子信息业是国际竞争中具有战略意义的关键性产业,亦是我国国民经济的支柱性产业,对其进行研究具有重要的现实意义。

---

① 本书所讨论的"电子信息业",主要指我国信息产业部界定的"电子信息产品"制造业,具体包括:电子雷达产品、电子通信产品、广播电视产品、计算机产品、家用电子产品、电子测量仪器产品、电子专用产品、电子元器件产品、电子应用产品、电子材料产品等,不包括软件开发及应用服务等服务业(有关电子信息业的概念界定,参见附录4-1)。

4.1.1 产业特征决定的市场集中

电子信息业具有区别于传统行业的成本结构，其特殊性表现在初始投资高昂，而可变成本较低。电子信息产品在投产前，往往需要投入大量资金用于研发、设施采购及建设等。一旦巨额的初始投资完成，生产单位产品的可变成本就相对较低，其中一些网络产品的边际成本甚至可以趋近于零。大量初始投资意味着电子信息业存在相当高的进入壁垒；可变成本较低意味着该行业具有规模报酬递增的特征，这两个方面的因素都将强化市场中在位企业的市场势力。

除了规模报酬递增以外，网络效应现象在电子信息业亦十分普遍[1]。在电子信息产品的消费领域，网络效应形成了"需求方规模经济"，强化了少数领先企业在市场中的主导作用。网络效应能带来"正向反馈"，当企业的消费者规模越大，则产品价值对于消费而言就越高，这使企业能够吸引更多的消费者，最终控制较高的市场份额；同时，市场占有率高的企业能够通过规模经济大幅降低平均生产成本，进而以更低的价格冲击市场，进一步扩大市场占有率并提高企业盈利能力。在这两项因素的共同作用下，该行业往往呈现出"赢家通吃"（Winner-Takes-All）的局面[2]。

网络效应带来的消费者"锁定"（Lock-in），更进一步增强了市场中在位者的市场势力。由于许多电子信息产品只有与其他互补性产品相互配合才能发挥作用，具有系统性的特点，因此消费者在使用过程中还须不断增加投入成本，此类投入成本的存在将产生消费者"锁定"，即消费者将固定采购该厂商提供的产品，不会轻易地转向其他厂商。消费者的转移成本越高[3]，消费者被"锁定"的程度就越高，这一方面使产品的价格需求弹性降低，有利于厂商制定有利于自身的价格；另一方面，消费者"锁定"效应形成了有效的市场进入壁垒，削弱了市场潜在进入者的竞争能

---

[1] 网络效应理论正是在信息技术革命背景下所产生的概念。该理论关注的是电子信息业的独特性——即网络效应对市场结构、企业行为与绩效的影响（朱彤，2003）。

[2] Robert Frank 和 Philip Cook（1995）在《赢家通吃的社会》中，提出并论证了"赢家通吃"现象的普遍性及合理性。

[3] Von Weizsacker（1984）以及 Paul Klemperer（1987）最早研究了厂商对消费者的"锁定"现象，他们将消费者的转移壁垒归结为转移成本。

力。由于市场的新进入者往往需要为消费者支付转移成本，才能向市场在位者发起挑战，在很大程度上加大了竞争者进入市场的成本与难度。因此，对于在位企业巩固市场势力具有很大作用。

综上所述，规模报酬递增、网络效应、赢家通吃、消费者"锁定"等产业特征的存在，使电子信息业中寡头垄断、企业市场势力强化具有一定的必然性，这是本书选取其作为研究对象的原因之一。

4.1.2 寡头垄断下的高研发强度

电子信息业是全球研发强度最高的产业之一，其创新的规模和速度都是其他产业所无法比拟的。电子信息业全球价值链中的高端价值环节存在着较高的进入壁垒，被发达国家的跨国公司所垄断；这些市场势力强大的跨国巨头，并未由于占据了主导性的市场地位而放缓创新的脚步，而是不断在加大研发投入。

2006年，全球研发投入最高的前50强跨国公司中，有21家属于电子信息业，其比重高达42%[1]，表4-1列出了这些电子信息类跨国公司具体的研发投入排名及R&D支出的情况。众所周知，这21家研发投入50强的跨国公司如微软、西门子、英特尔等，都是电子信息业各子行业中的主导企业，拥有极强的市场势力。在这个行业中，企业市场势力与创新强度体现出了高度的统一。

表4-1 2006年全球研发投入50强中的电子信息类企业

排名	公司	行业	R&D 支出（10亿英镑）
5	微软	软件	3.84
8	西门子	电子	3.54
9	三星电子	电子	3.17
11	IBM	软件	3.13
12	英特尔	硬件	3.0
15	松下电子	数字娱乐	2.79
17	诺基亚	硬件	2.73
18	索尼	数字娱乐	2.62
22	摩托罗拉	硬件	2.14

---

[1] 其他排入2006年研发投入前50强的跨国公司分布为：医药业12家、汽车业11家、航天业4家、化学行业1家、一般工业1家。

续表

排名	公司	行业	R&D 支出（10 亿英镑）
24	惠普	硬件	2.03
25	博世	硬件	2.01
26	日立	硬件	2.00
30	思科	硬件	1.94
31	爱立信	硬件	1.88
33	东芝	硬件	1.72
35	菲利浦	数字娱乐	1.61
38	NTT	电信	1.57
42	佳能	电子	1.41
44	NEC	硬件	1.36
48	Delphi	电子	1.28
49	阿尔卡特	硬件	1.23

资料来源：DTI. The R&D Scoreboard 2007 [EB/OL]，http：//www.dti.gov.uk.

对于电子信息企业而言，形成市场势力与创新的良性互动尤显重要。一方面，作为高技术行业的典型，该行业中企业最核心的资产就是知识性资产，如人力资本、知识产权、品牌等；为了获取市场势力和超额利润，企业必须大力投入资本开展高强度的研发，只有积累具有动态适应性的知识性资产，才可在激烈的市场竞争中生存发展。另一方面，为了保护核心竞争力即知识性资产，企业又必须借助专利和标准体系形成壁垒，这从规制的层面保证了市场势力的形成。

虽然全球电子信息业中总是极少数企业能拥有巨大的市场势力，大量的中小竞争性企业往往很难实现规模经济并利用网络效应，但这并不妨碍企业积极地从事技术创新。因为，这些竞争性的小企业预期到创新可能带来市场势力的巨大收益，从而具备了较强的创新动力；同时，占行业主导地位的跨国公司清醒地意识到：一旦竞争性的小企业通过自身努力实现了"范式转移"型的突破式技术创新[1]，即改变并引领了整个行业的技术基础，则市场势力将发生瞬间的转移。这种丧失市场势力的风险，将促使市场中现有主导企业不断进行高强度的研发投资，尽可能地捕捉技术来源和

---

[1] 突破式创新是一种连续的范式转移（Paradigm Shifts），这种范式转移呈现"蛙跳"式特征，原有技术范式被彻底颠覆，产业竞争格局发生巨大变化，市场份额迅速转移，会彻底摧毁在位企业所拥有的领先优势和对市场的垄断性支配地位，出现新的市场领袖和新的产品市场割据局面（Henderson and Clark，1990）。

市场机遇，以防止被取代。所以，电子信息业中的主导企业，并未由于拥有市场势力而停下创新的步伐，而是始终从事着高强度的研发。

综上所述，全球电子信息业呈现出了寡头垄断下高强度研发的特征，该行业中的企业必须形成市场势力与创新的良性互动，才能在国际竞争中立于不败之地。这是本书选取电子信息业作为考察对象的重要原因之一。

4.1.3 支柱产业地位

21世纪以来，我国电子信息业的发展规模持续扩张。2006年全行业销售收入达到4.75万亿元，工业增加值为1.1万亿元，占全国工业增加值的比重已高于10%，占GDP的比重达到5.25%。电子信息业已显著领先于机械、冶金、化工、纺织、运输等行业，成为我国国民经济中规模最大的行业（见图4-1）。

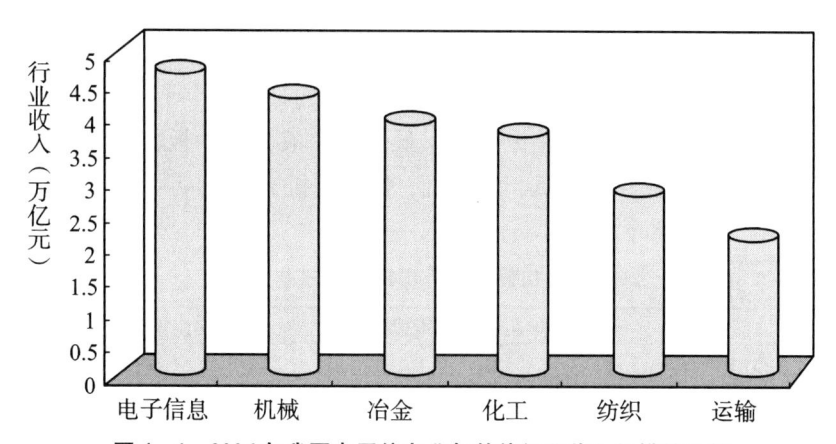

图4-1 2006年我国电子信息业与其他行业收入规模的比较

资料来源：信息产业部.2006年电子信息产业经济运行公报［EB/OL］. http://www.mii.gov.cn。

出口贸易方面，近年来，电子信息业年均出口增速保持在20%~50%之间，2006年出口金额高达3640亿美元，是2001年的5.598倍，占全国出口总额比重的37.6%（见图4-2）。目前，电子信息产品在我国高新技术产品出口中所占比重已超过90%，成为带动我国出口商品结构升级的主要力量。

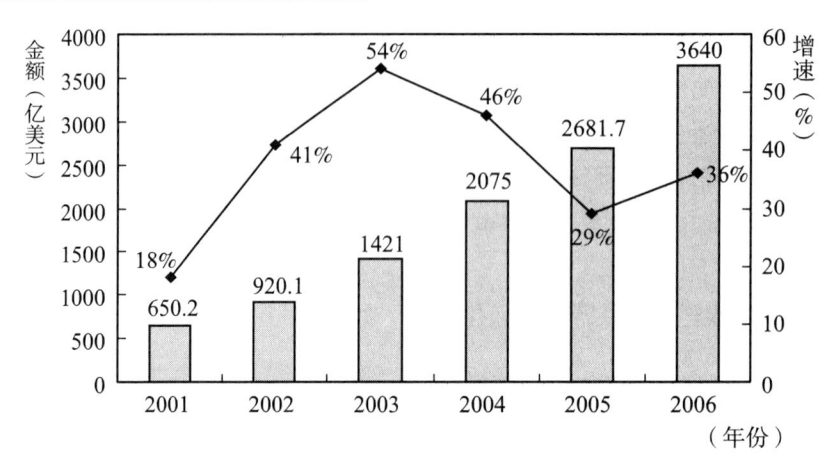

图 4-2　2001~2005 年我国电子信息业出口金额及增速

资料来源：信息产业部.2006 年电子信息产业经济运行公报［EB/OL］.http://www.mii.gov.cn。

2006 年，我国在全球电子信息产品进出口额中的比重已超过 15%，在世界市场上排名第一。其中，手机占全球市场的 47%，计算机占 40%，彩色电视机占 48% 的比重[①]。我国出口额最大的 10 类电子信息产品依次是：笔记本电脑、手机、集成电路、显示器、液晶显示板、彩色电视机、印刷电路、激光视盘放像机、打印机、数码相机（见表 4-2）。

表 4-2　　2006 年出口额最大的前 10 类电子信息产品

	出口额（亿美元）	同比增长（%）
笔记本电脑	385	28.6
手机	312	51
集成电路	203	47.5
显示器	168	4.2
液晶显示板	130	19.4
彩色电视机	79	55.7
印刷电路	76	43.2
激光视盘放像机	71	-2.7
打印机	67	-2.2
数码相机	63	14.5

资料来源：信息产业部.2006 年电子信息产业经济运行公报［EB/OL］.http://www.mii.gov.cn。

---

① 信息产业部.2006 年电子信息产业经济运行公报［EB/OL］.http://www.mii.gov.cn。

以上数据证明，电子信息业已成为我国国民经济中重要的支柱产业。那么，在该产业中，我国电子信息企业在国际竞争中是否具有与高市场占有率相匹配的市场势力？本章4.2节、4.3节将分别对该行业的市场集中度、本土电子信息企业的市场势力状况进行深入分析，以寻找这一问题的答案。

4.2 市场结构：集中度分析

市场集中度是判断市场结构和市场势力的重要指标之一。20世纪50年代，Bain根据市场中前4位和前8位企业的集中率指标（CR_4和CR_8），将不同的市场结构分为高度寡占型、高度集中寡占型、中上集中寡占型、中下集中寡占型、低集中寡占型和原子型六种类型。并依据这一分类标准，对50年代美国产业的集中度进行了测定。

日本学者植草益将日本产业的市场结构粗分为寡占型（$CR_8 \geq 40\%$）和竞争型（$CR_8 < 40\%$）两类。其中，寡占型市场结构又细分为极高寡占型（$CR_8 \geq 70\%$）和高中寡占型（$40\% \leq CR_8 < 70\%$）两类；竞争型市场结构又细分为低集中竞争型（$20\% \leq CR_8 < 40\%$）和分散竞争型（$CR_8 < 20\%$）两类，表4-3将贝恩和植草益对市场结构的划分标准进行了对比。

表4-3　　　　贝恩与植草益对市场结构的分类标准

贝恩的分类标准			植草益的分类标准	
市场结构	CR_4值（%）	CR_8值（%）	市场结构	CR_8值（%）
高度寡占型	$75 \leq CR_4$	—	极高寡占型	$CR_8 \geq 70\%$
高度寡占集中型	$65 \leq CR_4 < 75$	$CR_8 \leq 85$	极高寡占型	$CR_8 \geq 70\%$
中上集中寡占型	$50 \leq CR_4 < 65$	$75 \leq CR_8 < 85$	高中寡占型	$40\% \leq CR_8 < 70\%$
中下集中寡占型	$35 \leq CR_4 < 50$	$45 \leq CR_8 < 75$	高中寡占型	$40\% \leq CR_8 < 70\%$
低集中寡占型	$30 \leq CR_4 < 35$	$40 \leq CR_8 < 45$	低集中竞争型	$20\% \leq CR_8 < 40\%$
原子型	$CR_4 < 30$	$CR_8 < 40$	分散竞争型	$CR_8 < 20\%$

资料来源：Bain, J. S. The Profit Rate as a Measure of Monopoly Power [J]. Quarterly Journal of Economics 55, 1941.2：271-293；植草益. 产业组织论 [M]. 北京：中国人民大学出版社，1988。

由于美国的产业集中度明显高于其他国家尤其是发展中国家，国内学者认为贝恩的划分标准并不适用于我国产业的市场集中度分析（魏后凯，

2002）。有鉴于此，本研究采用植草益的分类标准，对中经网产业数据库"电子库"中"龙头企业"的"销售收入"两类月度数据进行汇总[①]，以年度数据为依据，计算我国电子信息业的市场集中度。

2006年，根据"销售收入"计算的我国电子信息业市场集中度情况如图4-3所示。从结果来看，可以区分出三类市场结构：其一，通信设备电子制造业（$CR_8 = 54.28\%$）、家庭影视设备制造业（$CR_8 = 43.13\%$）属于"高中寡占型"市场结构；其二，电子计算机制造业（$CR_8 = 31.59\%$）、家用音响设备制造业（$CR_8 = 29.72\%$）、电子器件制造业（$CR_8 = 20.24\%$）属于"低集中竞争型"市场结构；其三，电子元件制造业（$CR_8 = 16.77\%$）属于"分散竞争型"市场结构。

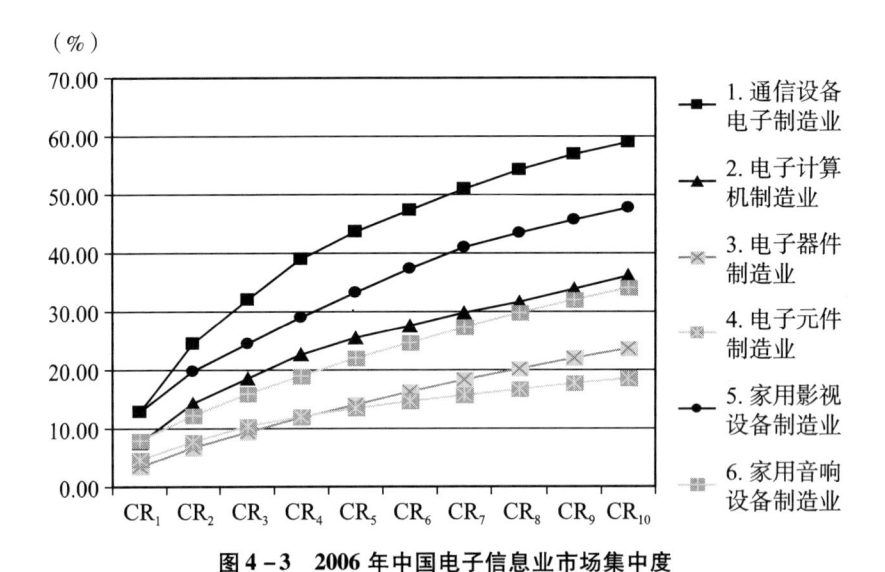

图4-3 2006年中国电子信息业市场集中度

资料来源：据中经网产业数据库［EB/OL］. http：//ceidata.cei.gov.cn/数据计算。

图4-4反映了2003~2006年我国电子信息业市场集中度（CR_8）的动态变化情况。从图中可以看出：电子元件制造业的市场集中度从2003年的21%滑落至2004年的11.85%，此后两年CR_8尽管回升，但到2006

[①] 中经网产业数据库"电子库"所对口的行业名称为"通信设备、计算机及其他电子设备制造业"，电子库中包括了"通信设备电子制造业"、"电子计算机制造业"、"电子器件制造业"、"电子元件制造业"、"家庭影视设备制造业"、"家用音响设备制造业"这六个子行业的数据。

年，该指标仍未回到 2003 年的水平。电子计算机制造业的 CR_8 也从 2003 年的 44.18% 降至 2005 年的 26.45%，2006 年回升至 30% 以上。电子器件制造业、家用影视设备制造业的 CR_8 呈现单边下滑的趋势。家用音响设备制造业仅在 2004 年 CR_8 升至 52.65%，但此后迅速降至 2006 年的 29.72%。在六个子行业中，仅通信设备电子制造业的 CR_8 呈现上升趋势，从 2003 年的 37.62% 稳步升至 2006 年的 54.28%。

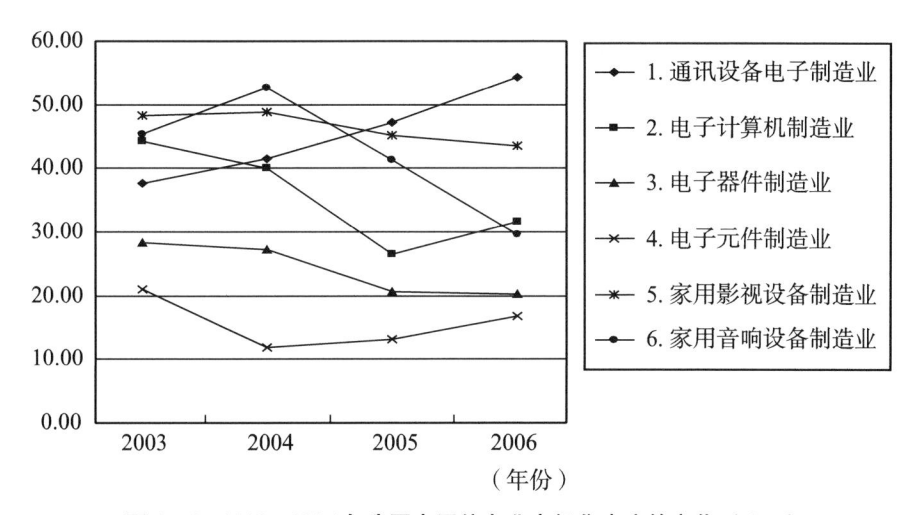

图 4-4　2003~2006 年我国电子信息业市场集中度的变化（CR_8）

资料来源：据中经网产业数据库 [EB/OL]. http://ceidata.cei.gov.cn/数据计算。

总体而言，我国电子信息业的市场集中度与发达国家相比而言普遍较低，具体特点为：第一，各子行业市场集中度偏低，分散竞争现象较为普遍；第二，市场集中度年度波动明显，说明产业结构仍处在动态演进的过程中，行业内企业竞争激烈；第三，大部分行业的市场集中度（CR_8）呈现或曾呈现下降趋势，只有资本及知识密集型的通信设备电子制造业的 CR_8 始终保持了稳定而快速的上升态势。

4.3　本土企业市场势力缺失的特征事实

尽管电子信息业的发展保持了高速增长势头，然而，深入分析我国电子信息业的国际竞争现状，却不难发现，我国本土电子信息企业在严峻的国际竞争环境中，正面临着贸易条件恶化、分工利益扭曲及内外资发展失衡等问题。种种现象揭示出，我国本土电子信息企业在国际竞争中存在着市场势力严重缺失的不利局面。

4.3.1 出口"价跌量增"日趋严重

尽管近年来我国各类电子信息产品出口总量不断上升，但不可忽视的是，电子信息产品出口价格下跌的情况却日益严重。2006年，出口总额超过5亿美元且出口量增幅在60%以上的10种重要产品中，手持（包括车载）无线电话机、液晶彩色电视机、集成电路、激光视盘机等重要产品的出口均呈现出明显的"价跌量增"现象。其中，"其他线宽＞0.35微米数字式单片集成电路"的出口数量增加了84.20%，平均单价下降达30.50%；"其他激光视盘机"出口数量增加了82.24%，平均单价下降达24.19%；"液晶显示器彩电，屏幕尺寸≤52厘米"出口数量增加78.46%，平均单价下降达14.57%（见表4-4）。

表4-4　　　　2006年出口"量增价跌"的电子信息产品

产品名称	累计数量（万）	数量同比（%）	出口额（亿美元）	价格同比（%）
手持（包括车载）无线电话机	38542.6	69.1	312.0	-10.4
液晶显示器彩电，屏幕尺寸＞52厘米	441.05	190.22	26.74	-13.07
等离子显示器彩电，屏幕尺寸＞52厘米	62.87	190.22	6.65	-11.34
其他线宽≤0.18微米数字单片集成电路	191961.25	87.36	86.10	-9.97
其他线宽＞0.35微米数字式单片集成电路	1026865.43	84.20	14.75	-30.50
其他激光视盘机	924.99	82.24	5.80	-24.19
液晶显示器彩电，屏幕尺寸≤52厘米	1030.24	78.46	15.91	-14.57

资料来源：重点电子信息产品的产业损害预警信息监测课题组.2006年我国电子信息行业产业损害预警报告[EB/OL].http://www.acs.gov.cn/.

外贸出口中所普遍存在的"价跌量增"现象，说明我国电子信息企业拓展国际市场的主要手段仍然停留在价格竞争层面，并揭示出我国电子信息业在国际分工中的贸易利益扭曲明显，以及企业市场势力的缺失。

4.3.2 进口关键元器件价格持续攀升

在出口价格持续下降的同时，我国电子信息业的进口产品价格却在持续攀升。由于缺乏关键技术、核心材料及设备，我国电子信息业的关键性中间产品，如集成电路、高端服务器、新型显示器件等仍几乎完全依赖进口。国外的上游供应商凭借技术垄断优势，持续提高关键性中间产品的价格。这使我国电子信息企业在国际分工中的利益进一步受到损害。

以集成电路为例，我国尚未形成真正根植于本土的集成电路大规模制造体系，高端集成电路产品严重依赖进口且价格高昂，巨额利润被海外的跨国公司所获取。表4-5描述了2006年进口额超过100亿美元的电子信息产品情况。自2000~2006年，我国集成电路进口从205.5亿块增长到856.9亿块，年均增长27%，进口品占我国集成电路需求总量的比重高达98.14%。不容忽视，进口集成电路单价从2000年的0.49美元跃升至2006年的1.21美元，翻了近2.47倍（见图4-5）。进口产品单价持续上升，与出口产品价格不断下滑形成了鲜明的对比，说明了我国电子信息产品的贸易条件趋于恶化。

表4-5　　　2006年进口额超过100亿美元的电子信息产品

产品名称	进口量（万块）	同比增长（%）	进口额（亿美元）	同比增长（%）
其他线宽≤0.18微米数字单片集成电路	1023712.4	37.0	445.4	45.6
其他单片集成电路	3849064.7	3.9	169.3	-2.9
其他0.18＜线宽≤0.35微米数字单片集成电路	1123616.8	34.6	132.6	28.8
手持式无线电话机零件	1987.6	27.6	124.6	20.0
其他线宽＞0.35微米数字式单片集成电路	1766280.9	54.8	122.2	45.2
8471所列其他机器的零件、附件	13585.6	-0.1	113.6	14.8

资料来源：重点电子信息产品的产业损害预警信息监测课题组．我国电子信息产品进口安全状况监测［EB/OL］．http：//www.acs.gov.cn/。

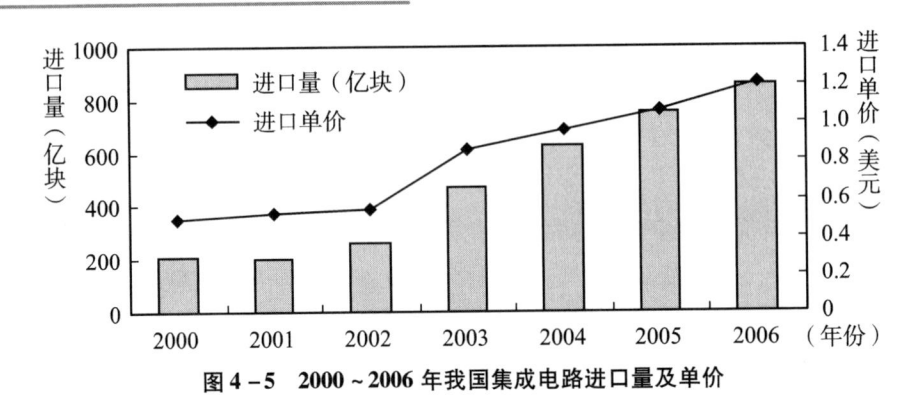

图 4-5 2000~2006 年我国集成电路进口量及单价

资料来源：重点电子信息产品的产业损害预警信息监测课题组．我国电子信息产品进口安全状况监测［EB/OL］．http：//www.acs.gov.cn/。

我国的电子信息企业面对进口关键元器件价格持续上升所带来的成本剧增，以及激烈竞争带来的出口制成品价格的不断下滑，两面夹击之下，企业的盈利能力受到了极大的削弱。由于在国际竞争中几乎完全不具备对产品价格的控制能力，因此我国企业在国际分工的利益分配中处于十分不利的地位。

4.3.3 价值链上利益分配严重失衡

我国电子信息企业国际市场势力的缺失，不仅仅体现在进出口产品价格的不利走势上，更重要的是，从国际分工的角度考察，全球价值链上不同价值环节的分工利益存在着巨大差异，巨额利润被发达国家的品牌商、渠道商及专利持有人所分割，而承担加工制造环节的中游企业在价值链中只能获得极其微薄的报酬。

Andrew Higgins（2004）分析了罗技（Logitech）公司旺达鼠标的案例，旺达鼠标在美国售价为 41 美元，其中美国罗技公司获得 8 美元，美国摩托罗拉等原料供应商获得 15 美元，美国批发商和零售商获得 15 美元，而中国的加工生产企业仅获得 3 美元（见图 4-6）。利益分配的巨大差异反映了在价值链不同分工环节中各企业的市场势力对比悬殊。

第4章 国际竞争中我国电子信息业市场势力的特征事实

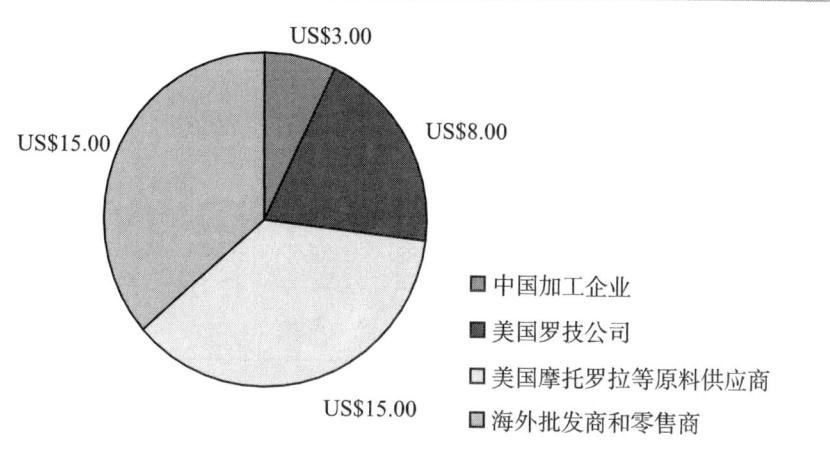

图4-6 罗技公司旺达鼠标价值增值组成

资料来源：Andrew Higgins. As China Surges, It Also Proves a Buttress to American Strength [N]. Wall Street Journal, 2004, 1.30。

Greg Linden、Kenneth L. Kraemer 和 Jason Dedrick（2007）根据 Portelligent 公司的报告对30G第五代 iPod 产品价值链进行了研究，该研究同样强有力地揭示出电子信息业全球价值链上利益分配的严重失衡。

Greg Linden 等（2007）发现，30G第五代 iPod 产品在美国的零售价为299美元。含有451种零件在内的所有投入品总价值为144.40美元，其中10类主要投入品（包括封装、测试在内）的总价值为123.12美元，占整机总价值的比重达85%左右；而其他441类中间投入品的总价值仅为21.28美元，这些投入品的平均价值不到5美分。该款 iPod 产品的零售价与投入品总价值之差有154.60美元，其中80美元由品牌拥有商苹果获得，其余74.60美元由美国的批发商、物流企业和零售商分配。据 Greg Linden 等（2007）估计，承担大部分加工装配价值创造活动的中国大陆制造商，在每台 iPod 产品上分配到的价值不超过3美元，但中国每出口1台 iPod 产品，就将直接导致中国对美贸易顺差增加约150美元。

从表4-6还可以看到，提供视频和多媒体处理器、解码芯片的两家美国零部件供应商，其利润率分别高达52.5%和44.8%，远高于承担封装、测试环节的中国台湾企业3%的利润率。由此可见，跨国公司依靠对技术、专利与标准、渠道和品牌的控制，攫取了价值链上绝大部分的分工利益。

表4-6　　2005年30G第五代iPod产品的主要投入品价值

零部件	供应商	公司总部	制造地	估计价值（美元）	占整机价值比（%）	利润率（%）	估计增值（美元）
硬盘	东芝	日本	中国内地	73.39	51	26.5	19.45
显示模块	东芝松下	日本	日本	20.39	14	28.7	5.85
视频多媒体处理器	Broadcom	美国	中国台湾新加坡	8.36	6	52.5	4.39
解码芯片	Portal-Player	美国	美国中国台湾	4.94	3	44.8	2.21
封装、测试	英业达	中国台湾	中国内地	3.70	3	3	0.11
电池套组	未知			2.89	2		0.00
显示驱动器	Renesas	日本	日本	2.88	2	24.0	0.69
移动SDRAM存储32MB	三星	韩国	韩国	2.37	2	28.2	0.67
后盖	未知			2.30	2	26.5	
主板（PCB）	未知			1.90	1	28.7	
10类合计				123.12	85		33.37
其他中间品				21.28	15		
整机总投入				144.40	100		

资料来源：Greg Linden, Kenneth L. Kraemer, Jason Dedrick. The case of Apple's iPod [EB/OL]. http://pcic.merage.uci.edu/papers/2007/AppleiPod.pdf, 2007。

罗技鼠标、苹果iPod绝不是电子信息业全球价值链中分工利益失衡的个案。实际上，外资企业出口占据了我国电子信息产品出口相当高的比重，尤其是外商独资企业出口占我国电子信息产品出口贸易的比重近年来呈上升趋势，在2005年已高达66.3%（见图4-7）。中国企业参与电子信息业全球分工的实质是：为了利用廉价的劳动力要素，外资企业将装配等劳动密集环节向我国转移；我国进口大量价格昂贵的中间产品，完成装配加工，继而向海外出口，赚取微薄的加工费。技术专利、品牌、渠道掌握在国外专利所有人、海外品牌商及渠道商手中，而我国企业处于电子信息业垂直专业化分工体系的底层，企业极度缺乏市场势力。

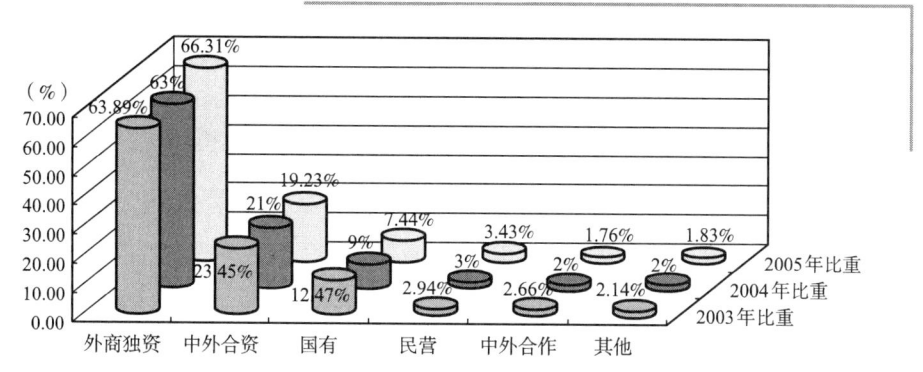

图4-7 2003~3005年电子信息业各类性质企业出口所占比重

资料来源：信息产业部经济体制改革与经济运行司. 中国电子信息产业统计年鉴[M]. 北京：电子工业出版社，根据2003~2005年各年整理。

4.3.4 外资企业加速抢占国内外市场

近年来，外资企业在国内市场的规模持续扩张，外资企业的地位不断上升。2006年，外资企业在规模以上制造业销售收入、工业增加值、利润中的比重分别为80%、79%、80%。其规模扩张主要来自加工贸易出口，外资企业的出口占全行业的比重超过80%，这些指标均比2005年有所提高[1]。

需要警惕的是，外资企业正不断挤占内资企业的生存空间。以手机业为例，本土企业在2003年的短暂辉煌如昙花一现，本土企业在国内市场的渠道优势已不复存在，而外资企业凭借资本和技术优势，确立了强大的市场优势地位。外资企业的国内市场份额在2003年为46.5%，2006年已增至65%左右[2]。在出口市场上，2000~2004年，仅诺基亚、摩托罗拉等四家外资企业出口所占据的比重就相当高（见表4-7）。本土手机制造企业在市场份额持续下降的同时，盈利能力也几乎丧失殆尽，自2004年起陷入了全行业亏损的被动局面。

在计算机行业，"内资弱，外资强"的情况甚为严重。2005年，外资计算机企业实现销售收入9783亿元，占全行业的比重达93.59%[3]。笔记

---

[1] 信息产业部. 2006年电子信息产业经济运行公报[EB/OL]. http://www.mii.gov.cn。
[2] 参见[EB/OL] http://it.sohu.com/20070521/n250131643.shtml。
[3] 信息产业部经济体制改革与经济运行司. 中国电子信息产业统计年鉴[M]. 北京：电子工业出版社，2005：56。

本电脑领域，IBM、DELL、HP、东芝等跨国公司利用全球化运营的规模优势，继续大幅度抢占国内市场。同时，国内厂商由于尚未拥有国际化品牌和海外市场渠道，产品销量有限，无法取得采购的规模经济，投入品成本居高不下，性价比优势被明显削弱。

表4-7　手机业中外资企业与本土企业销售及出口比重对比（%）

年份 企业　项目	2000 销售	2000 出口	2001 销售	2001 出口	2002 销售	2002 出口	2003 销售	2003 出口	2004 销售	2004 出口
MOTO	35.42	33.44	29.26	22.34	28.47	24.03	9.3	16.3	8.9	2.8
诺基亚	25.14	37.3	22.28	44.16	18.17	40.21	11.1	42.6	1.5	19.9
西门子	8.14	5.37	9.65	13.68	4.66	16.32	2.5	14.8	1.4	9.8
爱立信	9.23	10.2	6.48	11.75	2.09	7.69	1.1	8.9	2.9	7.3
4家合计	77.9	86.4	67.7	91.9	53.4	88.2	24	82.7	28.3	77.2
波导	3.2		6.4		9.9		14.2		10.2	3.1
TCL	1		3		8.7		11.2		6.5	
康佳							6.2		5.8	

资料来源：信息产业部经济体制改革与经济运行司.中国电子信息产业统计年鉴[M].北京：电子工业出版社，2004：64。

4.3.5　本土企业盈利能力薄弱

无论对利润率还是投资效率进行比较，均可以发现内资企业显著弱于外资企业。2004年，在我国电子信息业中，外资企业人均利润达2.87万元/人，人均收入达2.64万元/人；与之相比，内资企业人均利润为1.32万元/人，仅及外资企业的46%，而人均收入为1.68万元/人，仅为外资企业的63.6%[①]。并且，内资企业投资效率亦远落后于外资企业，资产收益率、资产收入比均只有外资企业的一半左右（见表4-8）。

---

① 信息产业部经济体制改革与经济运行司.中国电子信息产业统计年鉴[M].北京：电子工业出版社，2004：24。

表4-8　　　2004年电子信息业内资企业和三资企业投资效率比较

类型	资产收益率（%）	资产收入比（%）	资产税金比（%）	劳动资产比（人/百万）
全行业	5.6	1.35	1.7	2.5
三资	6.9	1.65	1.2	2.4
内资	3.4	0.84	2.6	2.5

资料来源：信息产业部经济体制改革与经济运行司．中国电子信息产业统计年鉴[M]．北京：电子工业出版社，2004：43。

更严重的是，中国电子信息百强企业[①]的盈利能力十分不理想。虽然百强企业的营业收入每年都不断创出新高，2007年，第21届电子信息百强的营业总额达11236亿元人民币，占全行业总量的23.7%，但这些企业的利润总额只有222.9亿元，仅占全行业的11.9%（低于2001年的比重）。百强企业的利润总额占营业收入的比重亦不断下滑，从2001年的6.3%下降到2007年的2%（见图4-8）。

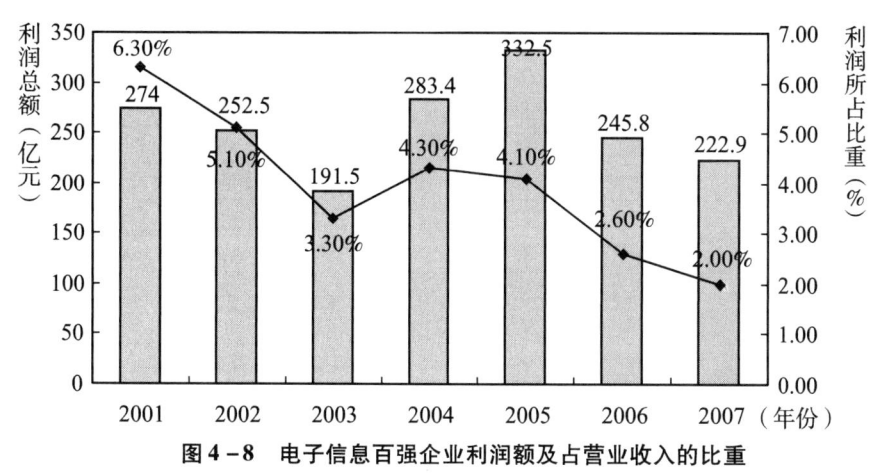

图4-8　电子信息百强企业利润额及占营业收入的比重

资料来源：信息产业部．2007年（第21届）电子信息产业百强企业［EB/OL］．http：//www．mii．gov．cn/。

此外，在2007年第21届电子信息百强企业中，以年营业收入1389亿元位列百强首位的联想，在2006年的利润总额仅有4亿元，利润率低

---

① 为鼓励企业做大做强，自1987年以来，我国每年进行电子信息行业百强的排序，排序标准为上一年度的营业收入总额。

至0.288%；厦华和波导的销售收入分别达到117亿元和67亿元，但利润总额却分别仅为5400多万元和2800多万元。百强中有7家企业在2006年的亏损额达到6亿元以上，如TCL亏损额为35.7亿元[①]。盈利能力薄弱几乎成为我国电子信息百强的通病。

对比全球电子信息业中跨国公司的数据，2007年财富世界500强中电子信息企业的平均利润率达到6.935%。IBM、苹果、诺基亚、爱立信、思科、菲利浦、英特尔等公司的利润率均在10%以上，远高于我国电子信息百强企业（见表4－9）。通过对表4－9的分析，还可得到具体行业

表4－9　　　　2007年财富世界500强电子信息企业利润率

行业	公司	利润率（%）	行业	公司	利润率（%）
电子电气设备	西门子	3.5	计算机及办公设备	HP	6.8
	三星电子	9.3		IBM	10.4
	日立	-0.3		Dell	4.6
	松下电工	2.4		富士通	2
	索尼	1.5		NEC	0.2
	LG	0.7		佳能	11
	东芝	1.9		苹果	10.3
	泰科国际	8.5		理光	5.4
	鸿海精密	4.5		华硕电脑	3.4
	菲利浦	17.4		广达电脑	2.4
	三菱电子	3.2		施乐	7.6
	住友电工	3.2	计算机服务及软件	微软	28.5
	爱默生电子	9.2		EDS	2.2
	三洋电子	-2		埃森哲	5.3
	惠而浦	2.4		行业平均	12
	施耐德电子	9.5	网络及其他通信设备	诺基亚	10.5
	伊莱克斯	3.2		摩托罗拉	8.4
半导体及其他电子元器件	英特尔	14.3		爱立信	14.8
	伟创力国际	2.7		阿尔卡特－朗讯	-1.2
2007年财富500强电子信息企业平均利润率				6.395%	

资料来源：根据财富官方网站［EB/OL］.http：//money.cnn.com/magazines/fortune/数据整理（不含电信、软件批发行业）。

[①] 信息产业部.2007年（第21届）电子信息产业百强企业［EB/OL］.http：//www.mii.gov.cn/。

的平均利润率：电子电气设备业平均利润率为4.522%，计算机及办公设备业平均利润率为5.827%，半导体及其他电子元器件业平均利润率为7.4%，网络及其他通信设备业的平均利润率为10.42%，计算机服务及软件业平均利润率为12%。在2007年世界500强的电子信息企业中，仅日本企业的利润率普遍较低，日立、三洋电子为亏损，NEC、索尼、东芝等都在2%以下。

4.4 国际市场势力的经验检验

随着国际电子信息业向我国转移的步伐加快，我国作为全球电子信息产品出口最为蓬勃的国家，许多电子信息产品的产量和出口量已位居全球前列[1]。而本书关注的是我国企业能否在国际市场上取得与市场份额相称的产品定价权，即是否拥有国际市场势力。

4.4.1 国际市场的剩余需求弹性模型

新经验产业组织理论中的"剩余需求弹性模型"是检验市场势力的典型方法，Goldberg 和 Knetter（1999）首次将剩余需求弹性模型应用于开放经济条件下一国产品的出口市场，成功地进行了国际市场势力检验。本节将借助该模型，选取我国特定的电子信息产品，实证检验其国际市场势力。现将该模型的构建思路简述如下[2]：

假设本国有一群出口企业向某一目标市场出口特定产品。p^{ex}为以目标市场货币表示的产品单位价格，Q^{ex}表示出口数量，p^1, …, p^n为本国出口企业在目标市场上面临的 n 个竞争对手各自的产品价格，Z 表示目标市场中的需求转换参数。可得本国出口企业以及其竞争对手面临的反需求函数：

$$p^{ex} = D^{ex}(Q^{ex}, p^1, \cdots, p^n, Z)$$

---

[1] 信息产业部经济体制改革与经济运行司. 中国电子信息产业统计年鉴2005 [M], 北京：电子工业出版社, 2005：27。

[2] 更详细的模型表述参见 Goldberg, P. K. and Knetter, M. M. Measuring the Intensity of Competition in Export Markets [J]. Journal of International Economics, 1999, 47: 27~60。

$$p^k = D^k(Q^k, p^j, p^{ex}, Z) \quad \text{其中} j = 1, \cdots, n \quad \text{且} j \neq k \quad (4-1)$$

在任一目标市场中，本国出口企业 i 的利润最大化一阶条件为：

$$p^{ex}_1 = e \cdot MC^{ex}_i - q^{ex}_i \cdot D^{ex}_1 \left(1 + \sum_{j \neq i} \frac{\partial q^{ex}_j}{\partial q^{ex}_i}\right) \left(1 + \sum_{j \neq i} \frac{\partial D^{ex}}{\partial p^k} \cdot \frac{\partial D^k}{\partial p^{ex}}\right) \quad (4-2)$$

式（4-2）中，MC^{ex}_i 是企业 i 以本币表示的边际成本，第一个括号中的式子反映的是本国出口企业之间的竞争，以 θ_i 表示；第二个括号中的式子反映的是本国出口企业与其他国家出口企业之间的竞争，以 ϕ 表示。则式（4-2）可记为：

$$p^{ex} = e \cdot MC^{ex}_i - q^{ex}_i \cdot D^{ex}_1 \cdot \theta_i \cdot \phi \quad (4-3)$$

鉴于式（4-3）所需要的企业层面数据在实际研究中很难获取，故 Goldberg 和 Knetter 将其转换为产业层面数据。令 s_i 代表企业 i 所占市场份额，因此有：

$$\sum_i s_i \cdot p^{ex} = \sum_i s_i \cdot eMC^{ex}_i - \sum_i s_i \cdot q^{ex}_i \cdot D^{ex}_1 \cdot \theta_i \cdot \phi; \sum_i s_i = 1; q^{ex}_i = s_i \cdot Q^{ex}$$

于是可转换成：

$$p^{ex} = e \cdot MC^{ex} - Q^{ex} \cdot D^{ex}_1 \cdot \theta \cdot \phi \quad (4-4)$$

式（4-4）中，$MC^{ex} = \sum_i s_i \cdot MC^{ex}_i$，且 $\theta = \sum_i s_i^2 \cdot \theta_i$。

以 ϑ^k 代表竞争对手的行为参数，同理可得竞争对手利润最大化的一阶条件：

$$p^k = e^k MC^k - Q^k \cdot D^k_1 \cdot \vartheta^k, \quad k = 1, \cdots, n \quad (4-5)$$

竞争对手 k 的边际成本 MC^k 是其产量 Q^k 和成本转换参数 W^k 的函数，而竞争者的出口价格是其成本转换参数 W^k、目标市场需求转换参数 Z，以及本国出口产品数量 Q^{ex} 的函数。将该函数代入式（4-1），消去竞争对手产品的价格变量，从而得到本国出口企业的剩余需求曲线：

$$p^{ex} = D^{ex}(Q^{ex}, p^{1*}(.), \cdots, p^{n*}(.), Z) = D^{res, ex}(Q^{ex}, W^N, Z, \vartheta^N)$$
$$(4-6)$$

式（4-6）两边取对数，得到：

$$\ln p^{ex}_{mt} = \lambda_m + \eta_m \ln Q^{ex}_{mt} + \alpha'_m \ln Z_{mt} + \beta'_m \ln W^N_{mt} + \varepsilon_{mt} \quad (4-7)$$

式（4-7）中，t 表示时期；m 表示目标市场；P^{ex}_{mt} 和 Q^{ex}_{mt} 分别为本国出口企业对目标市场 m 出口产品的单位价值和出口数量；Z_{mt} 表示目标市场 m 的需求转换参数组成的向量；W^N_{mt} 表示目标市场 m 中，n 个竞争对手之成本转换参数组成的向量。W^N_{mt} 主要由两部分组成：一部分是竞争对手以其货币表示的产品成本；另一部分是竞争对手国与出口市场之间的汇率（e_{mt}）。参数 η_m 就是本国出口企业在目标市场 m 中的剩余需求弹性，用其表示国际市场势力。于是可基于式（4-7），选择我国电子信息业中的特定产品，进行国际市场势力的经验检验。

4.4.2 研究思路、方法与数据

1. 检验对象的选择

本书选取《国际贸易标准分类》SITC（Rev. 3）中5位码为76222的产品[1]，即"不需外接电源，且并未装有录放音设备的无线电广播接收机"为对象，实证检验我国电子信息企业的国际市场势力。检验对象的选择主要出于以下考虑：

第一，模型对检验对象的同质性要求较高。用剩余需求弹性模型计算国际市场势力，要求检验对象具有较高同质性，这是由模型中的阿明顿假设（Armington Assumption）所决定的（Goldberg and Knetter，1999）。该模型假设产品在一国内相互间可高度替代，从而才能近似地以产品的单位价值来衡量产品价格[2]。由于电子信息产品的异质性往往较强，即使是同类产品，相互间也存在着明显的技术及性能差异。经过权衡筛选[3]，SITC（Rev. 3）76222产品的界定范围相比较而言更为细化且清晰，产品的技术差异小，更符合模型对于检验对象的要求。

第二，检验对象具有代表性。"不需外接电源，且并未装有录放音设备的无线电广播接收机"即 SITC（Rev. 3）76222 产品，是一类多年来在国际市场中有较大交易量的典型的电子信息产品。20世纪90年代以来，中国快速超越了以色列、马来西亚、日本等传统生产 SITC（Rev. 3）76222 产品的国家，成为该产品在全球最重要的生产基地；同时，欧美等

---

[1] 《国际贸易标准分类》SITC（Rev. 3）中对76222产品的具体表述为：Radio-broadcast receivers capable of operating without an external source of power (including apparatus capable of receiving radio-telephony or radio-telegraphy) not incorporating sound-recording or reproducing apparatus.

[2] Goldberg 和 Knetter（1999）选择美国牛皮纸行业和德国的啤酒行业，以及 Silvente（2005）选择意大利和西班牙的瓷砖业为检验对象，显然都符合上述要求。

[3] 检验所需的数据来自联合国 Comtrade 数据库，只能获得5位码产品数据，无法进一步细化。

发达国家对该产品的消费主要依靠从中国等具有劳动力比较优势的国家和地区的进口。选择该产品为检验对象的一大重要原因，正是在于其出口贸易能够反映我国其他许多电子信息产品出口的特点，具有一定的代表意义。

2. 对我国 SITC（Rev.3）76222 产品出口额的修正

联合国 Comtrade 数据库对 5 位码产品的"出口贸易额"统计显示，作为传统贸易转口港的我国香港特别行政区，一直是全球 SITC（Rev.3）76222 产品最主要的出口方。2006 年，香港地区的 SITC（Rev.3）76222 产品出口额占全球出口额的比重达 38.26%，位列第一（参见附表 4-2-1）。不容忽视，虽然在联合国贸易统计中显示香港地区是该产品的主要出口方，但事实上香港地区主要从事该产品源自中国内地的转出口贸易。2006 年，香港地区统计的 SITC（Rev.3）76222 产品"转出口贸易额"与"出口总额"数量相当；同时，香港地区统计的该产品"进口额"中有高达 95.56% 的比例来自中国内地①，这些数据都能够说明问题。然而，由于统计方法上的原因，目前我国统计的贸易出口额并不能准确把握香港地区转出口贸易的情况。1993 年前，我国的出口贸易统计采用"目的地规则"，不考虑从香港地区的转出口贸易。1993 年后，我国改进了统计方法，但因不能确定出口到香港地区的产品最终目的地之所在，在客观上存在着对于香港地区转出口贸易较大的低估②。基于以上特殊情况，本模型检验中不能直接采用 Comtrade 数据库中，我国 SITC（Rev.3）76222 产品对特定目标市场的"出口额"数据，而是需要进行修正。其基本思路是：通过区域处理将我国内地经由香港地区转口的 SITC（Rev.3）76222 产品出口额包括进来，但必须排除香港地区从转口贸易中创造的附加值，即香港地区的"转出口加价"，这是修正的关键之处。对于香港地区转出口加

---

① 根据联合国 Comtrade 数据库相关数据计算［EB/OL］. http://comtrade.un.org/db。

② 从另一角度看，该产品的世界最大进口国美、日等国使用"原产地"贸易统计原则，对于进口贸易的统计将中国内地产品经由香港地区转口，亦算作从中国内地的进口。例如，2006 年由美国统计的 SITC（Rev.3）76222 产品进口自中国内地的份额高达 94%，进口自香港地区的份额只有 1%；由日本统计的该产品进口自中国内地的份额高达 92%，进口自香港地区的只有 1%。但由于"原产地"统计原则并未扣除香港地区从转出口贸易中提供的附加价值即转出口加价，因此高估了来自我国内地的进口贸易额。

价幅度的研究，冯国钊和刘遵义（1996）采取了估计的方法[①]；Feenstra 和海闻等（1998）提供了具体的几类计算方法[②]。依据 Feenstra 和海闻等（1998）的研究，可计算香港地区在对中国内地 SITC（Rev.3）76222 产品转出口的过程中创造的加价幅度 M_{2t}。首先须以式（4-8）计算 M_{1t}：

$$M_{1t} = \frac{PX_t^k QX_t^k - PM_t QX_t^k}{PM_t QX_t^k} \tag{4-8}$$

式（4-8）中各变量的下标 t 表示年份，上标 k 表示出口目标国。香港地区从中国内地进口 SITC（Rev.3）76222 产品的单位价值为 PM_t，进口量为 QM_t。从香港地区转出口到目标国 k 的中国内地产品，其单位价值为 PX_t^k，转出口的量是 QX_t^k。M_{1t} 为占香港地区进口价值的加价幅度，则 $M_{2t} = \frac{M_{1t}}{1+M_{1t}}$ 即为占香港地区转出口价值的加价幅度。由 M_{2t} 计算出各年从香港地区转出口到目标国所产生的附加值，将该附加值从转出口贸易额中扣除，然后将所得差额加到中国内地统计公布的对目标国的直接出口额中，从而进行修正。

3. 目标市场及竞争对手

1992 年至今，我国 SITC（Rev.3）76222 产品的主要出口市场分别为中国香港地区、美国、日本、德国、荷兰和阿联酋等，而香港地区 SITC（Rev.3）76222 产品的主要出口市场为美国、德国、英国、荷兰、西班牙等（参见附表 4-2-2 和附表 4-2-3）。根据香港地区的出口主要是源自中国内地的转出口贸易这一状况，本书以美国、日本和德国三个市场为检验对象。又由联合国 Comtrade 数据库统计信息可判断，在美国市场，我国的主要竞争对手为墨西哥、马来西亚和以色列；在日本市场，我国的主要竞争对手为马来西亚；在德国市场，主要竞争对手为以色列（参见附表 4-2-4）。

4. 数据描述

本检验的样本区间为 1992~2005 年[③]。有关我国 SITC（Rev.3）

[①] 冯国钊，刘遵义. 对美中贸易平衡的新估算［J］. 国际经济评论，1999，5：10~20。
[②] Feenstra, Robert C., 海闻，胡永泰，姚顺利. 美中贸易逆差：规模和决定因素［EB/OL］. http://ww.ccer.edu.cn/workingpaper/paper/c1998009.doc，1998。
[③] 在 Comtrade 数据库里，有关中国该产品的相关数据起始时间为 1992 年。

76222产品向特定目标市场出口的总额和总量的数据,来自联合国Comtrade数据库和中国海关统计年鉴(1992~2005)。为计算香港地区SITC(Rev.3)76222产品的转出口加价幅度而使用的香港地区方面的贸易统计数据,来自香港特别行政区政府统计处①。目标市场需求向量 Z_{mt} 的数据采集自实际GDP(以目标国货币不变价格计)、消费者价格指数CPI及时间趋势变量,前两个变量来自国际货币基金组织的国际金融统计(International Financial Statistics)数据库②。竞争对手成本向量 W_{mt}^N 的数据包括了竞争对手国与目标市场的双边汇率 e,以及以竞争对手国货币表示的生产成本。前者来自IFS公布的年平均名义汇率,后者由国际劳工组织统计局提供的制造业工人工资表示③,或用来自IFS的批发价格指数衡量。

4.4.3 检验结果及分析

本检验利用的统计分析软件为STATA9.0,初次检验中某些变量的加入使回归结果并不显著,出于自由度的考虑移除这些变量后,回归方程的拟合优度亦有所提高,最后确定的变量及回归结果如表4-10所示。模型估计结果中,变量LnQAS,LnQJP,LnQGB的系数就是Goldberg和Knetter (1999)模型中的剩余需求弹性 η_m [参见式(4-7)],而这正是该模型中最具解释价值的估计系数。

表4-10 SITC(Rev.)76222产品在美、日、德三国市场价格加成的检验结果

美国市场		日本市场		德国市场	
变量	模型估计值	变量	模型估计值	变量	模型估计值
LnQAS	-0.287* (0.137)	LnQJP	-0.342 (0.228)	LnQDE	-0.116* (0.049)
LnYAS	1.818** (0.705)	LnYJP	2.562*** (0.584)	LnYDE	3.218* (1.482)
LnCAS	0.929*** (0.233)	LnCJP	0.845** (0.328)	LnCDE	0.935** (0.274)

---

① 香港特别行政区政府统计处[EB/OL]. http://www.censtatd.gov.hk/home/index_tc.jsp。
② 国际金融统计数据库[EB/OL]. http://www.imfstatistics.org/imf/logon.aspx。
③ 国际劳工组织统计局[EB/OL]. http://laborsta.ilo.org/。

续表

美国市场		日本市场		德国市场	
变量	模型估计值	变量	模型估计值	变量	模型估计值
LnLMX	2.193** (0.786)	LnEMYJP	1.025* (0.455)	LnEILDE	0.293 (0.176)
LnLMY	-0.025 (0.064)	LnLMY	-1.909 (0.997)	LnPIL	-0.787* (0.401)
T^2AS	0.347* (0.162)	TJP	0.613** (0.236)	TDE	-1.559* (0.703)
R^2	0.732	R^2	0.892	R^2	0.764
F	15.47	F	21.62	F	23.44
DW 检验	2.673	DW 检验	3.024	DW 检验	2.857

注：结果由 STATA9.0 统计软件计算得到；回归结果中均已将常数项省略。

LnY 指实际 GDP 的对数值；LnQ 指中国对目标市场出口产品量的对数值；LnC 为消费者价格指数的对数值；LnL 为劳动力成本指数的对数值；LnP 为批发价格指数的对数值；LnE 为两国双边汇率的对数值；T 为时间趋势变量；T^2 为时间趋势变量的平方。变量中的最后 2~4 位以 ISO 国家代码表示具体的国家，美国、日本、德国、墨西哥、马来西亚、以色列的代码分别为 AS、JP、DE、MX、MY、IL。

*、**、*** 分别表示在 10%、5%、1% 水平下显著。

结果显示，在美国、德国市场上 LnQ 的系数均显著不为 0，说明我国内地的 SITC（Rev.3）76222 产品在这两个市场上所处的竞争是不完全的，产品价格的变动能够部分的由企业自身产量变动加以解释。而日本市场上 LnQ 的系数显著为 0，这说明在日本市场上我国内地企业完全无法通过改变产量而影响自身产品价格，即企业不具备市场势力[①]。剩余需求弹性 η_m 绝对值的大小，衡量了在目标市场上的市场势力——在模型中具体体现为价格加成（Price Make-up）能力，即价格高于边际成本的幅度大小。检验结果显示，在美国和德国市场上，我国内地 SITC（Rev.3）76222 产品之剩余需求弹性分别为 0.287 和 0.116，说明企业具备一定的价格加成能力，但幅度并不太大。将检验结果进行横向比较，显示 SITC（Rev.3）76222 产品在美国市场的价格加成幅度相对更大。

---

① 检验结果中剩余需求弹性 η_m 显著为 0，表明剩余需求曲线呈现水平状态，市场处于完全竞争。

剩余需求弹性 η_m 与目标市场的价格需求弹性成反比，并与目标市场上竞争对手的供给弹性成反比，由此分析，我国内地的 SITC（Rev.3）76222 产品在美国和德国市场上的价格加成幅度不高，一方面可能是由于不能在设计和功能上形成独特差异，致使该产品面临的市场需求弹性较大所致；另一方面，表 4-10 显示，各目标市场上表示竞争对手成本的变量 LnLMX、LnEMYJP、LnPIL 前的估计系数显著不为 0。这说明我国内地 SITC（Rev.3）76222 产品在目标市场上的价格加成能力会明显受到竞争对手供给替代的影响。我国内地在美国市场上的主要竞争对手墨西哥、日本市场上的主要竞争对手马来西亚、德国市场上的主要竞争对手以色列，都是全球市场中 SITC（Rev.3）76222 产品的主要生产国。这些国家与我国内地一样具有以廉价劳动力为基础的比较优势，同样可凭借较低成本及有吸引力的价格参与国际竞争，这些竞争对手对我国内地出口产品形成的供给替代不可小视，制约着我国内地出口产品价格的提高。还需要说明，本次检验通过计算香港地区的转出口加价以排除香港地区在转口贸易中创造的附加值，从而来检验我国内地 SITC（Rev.3）76222 产品在目标市场上的市场势力。这种处理方法只是排除了香港地区由于拥有市场信息、营销渠道及品牌等优势，而在我国内地 SITC（Rev.3）76222 产品出口中创造的"有形"的附加价值；对香港地区推动我国内地 SITC（Rev.3）76222 产品占领国际市场——使我国内地产品形成相对于竞争对手抢先占领国际市场的先发优势，所产生的"无形"价值是无法通过数据进行反映的。所以，本次检验还有可能"低估"了在美国和德国市场上竞争对手对我国内地产品的供给替代。综上所述，在主要出口市场上，我国内地 SITC（Rev.3）76222 产品并未取得与该产品国际市场份额相应的贸易利益和价格加成能力。拥有较大的市场份额并不意味着拥有较强的市场势力，本书第 3 章中曾表述的这一观点，得到了此次检验结果的支持。

4.5　小结

电子信息业是国际竞争中具有战略意义的关键性产业，亦是我国国民经济的支柱性产业。规模报酬递增、网络效应、赢家通吃、消费者"锁定"等产业特性的存在,使得行业中主导企业的市场势力得以强化具有一定的必然性;电子信息业中寡头垄断与高强度研发同时并存,说明该行业是市场势力具有创新效率的典型行业。电子信息业中的企业必须形成市场势力与创新的良性互动,才能在国际竞争中立于不败之地。然而,本章从多个角度进行实证分析,揭示出我国企业在国际竞争中市场势力严重缺失的特征事实:

第一,通过2006年市场集中度(CR_8)的计算,显示出我国的通信设备电子制造业、家庭影视设备制造业属于"高中寡占型"市场;电子计算机制造业、家用音响设备制造业、电子器件制造业属于"低集中竞争型"市场;电子元件制造业属于"分散竞争型"市场。各子行业市场集中度偏低,分散竞争现象较为普遍;从2003~2006年的发展动态来看,大部分子行业(通信设备电子制造业除外)的CR_8呈现或曾呈现下降趋势,CR_8年度波动明显,说明产业结构仍处在动态演进的过程中,行业内的企业竞争过度激烈。

第二,本土电子信息企业市场势力缺失现象严重,其突出表现可归纳为:(1)出口"价跌量增"和进口关键元器件价格的持续上升使我国企业贸易条件不断恶化。(2)在全球价值链分工体系中,价值链上的利益分配严重失衡。承担制造环节的中国加工企业在价值链中只能获得极为微薄的报酬,大量高额利润被发达国家品牌商、渠道商、专利持有人所垄断。(3)外资企业主导我国电子信息产业发展格局,挤占本土企业生存空间。(4)本土企业尤其是电子信息百强企业的盈利能力薄弱,远远逊色于发达国家的跨国公司。

第三,运用Goldberg和Knetter(1999)的剩余需求弹性模型,选取SITC(Rev.3)76222产品,进行了我国电子信息产品的国际市场势力检验。研究以1992~2005年美国、日本和德国三个目标市场为对象,检验结果显示:我国内地的SITC(Rev.3)76222产品在美国、德国市场所处的竞争是不完全的,产品价格的变动能够部分地由企业自身产量变动进行解释(剩余需求弹性分别为0.287及0.116);而在日本市场上,我国企业无法通过改变自身产量影响价格,即不具备市场势力。该产品在美国市场上的主要竞争对手墨西哥、日本市场上的主要竞争对手马来西亚、德国市场上的主要竞争对手以色列对我国出口产品形成的供给替代不可小视。综上所述,我国内地SITC(Rev.3)76222产品在主要出口市场上，并未取得与该产品国际市场份额相应的贸易利益和价格加成能力。

我国电子信息企业在国际竞争中存在着较为突出的市场势力缺失问题，更无法实现市场势力与创新的良性互动，这直接导致了我国企业在全球价值链中被"锁定"于"微笑曲线"的低谷。因此，本书第5章、第6章将深入分析国际竞争背景下基于创新的企业市场势力的形成机制问题。

第5章 基于创新的企业市场势力形成：纵向维度

基于全球电子信息业呈现出典型的垂直专业化分工特征，本章提出了纵横向维度的市场势力分析框架。在纵向维度上，价值链上游的研发、专利与标准等环节是创新能力提升的基础；而价值链下游的渠道、品牌等环节是创新价值实现的保证。主导性跨国公司正是依靠对上游及下游关键价值环节的垂直预占，在纵向维度形成了强大的市场势力，挤占并夺取了主要的分工利益，并限制其他环节的企业在价值链上实现升级。发展中国家的企业应通过反垂直预占来扭转这种不利的局面，应向全球价值链的上下游两端拓展，以渠道整合为突破，依靠下游创新价值的实现反促上游创新能力的提升；同时，通过上游创新能力的提升，以保证下游创新价值的实现。

5.1 电子信息业国际分工格局：纵横向分析维度的提出

Hummel，Rapoport 和 Kei Mu Yi（1998）指出：20世纪90年代以来，全球贸易增长的绝大部分来自"垂直专业化分工贸易（Vertical Specialization Based Trade）"①。国际生产分工格局的演变，对全球电子信息业的贸易

---

① 垂直专业化分工的迅速发展引起了理论界的普遍关注。在这一新兴的研究领域中，学者们从不同角度以不同称谓来描述这一国际分工现象，包括：Jones & Kierzkowski（1990）的"片断化生产（Fragmented Production）"；Krugman（1994）的"价值链切片（Slicing up the Value Chain）"；Leamer（1996）的"去本地化（Delocalization）"；Arndt（1997）的"外包（Outsourcing）"、"海外外包（Offshore Sourcing）"和"转包（Sub-contracting）"；Bhagwati & Dehejia（1994）的"万花筒式比较优势（Kaleidoscope Comparative Advantage）"；Feenstra（1998）的"生产去一体化（Disintegration of Production）和贸易一体化（Integration of Trade）"；Gereffi（1999）的"全球价值链（Global Value Chain）"等。

与产业分工关系正产生着深刻影响。在全球电子信息业的垂直专业化分工体系中，来自不同国家的企业仅从事价值链上某些增值环节的价值创造：

美国及部分欧洲国家的企业处于垂直专业化分工体系的高端，负责产品研发、系统集成及标准制定；垄断着关键性产品及新产品的生产；运作产品品牌并控制了市场渠道。

日本企业处于垂直专业化分工体系的中高端，主要生产集成电路、关键元器件、高端消费电子和高档计算机等产品。

韩国、新加坡及中国台湾地区的企业处于垂直专业化分工体系的中端，经过长期的经验积累与技术探索，这些企业具备了良好的生产技术，已逐步成长为集成电路等关键元器件及部分高端产品的供应商。

中国内地的企业处于垂直专业化分工体系的底端，通过发挥劳动力的比较优势，主要从事劳动密集型的一般元器件的生产及整机的加工和组装（见图5-1）。

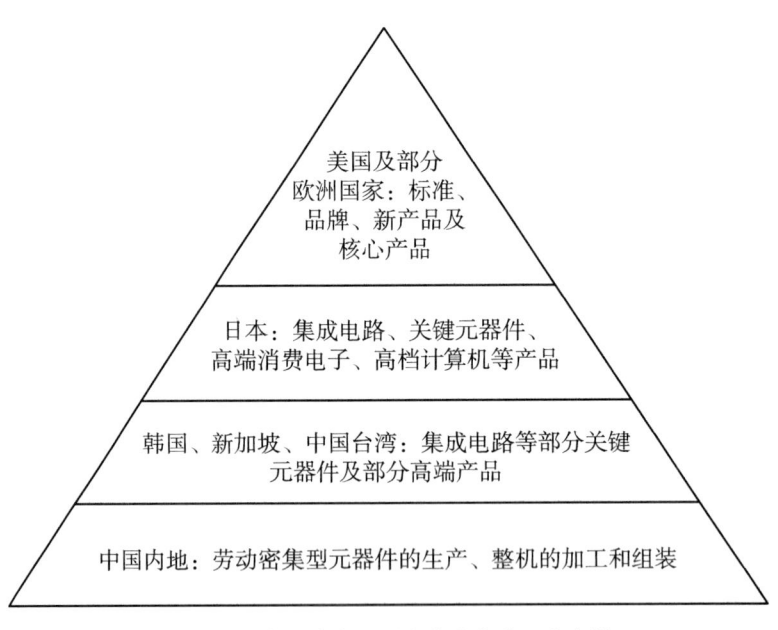

图5-1　电子信息业垂直专业化分工金字塔

资料来源：中国产业地图编委会. 中国IT地图［M］. 社会科学文献出版社，2006：6。

基于电子信息业全球垂直专业化分工的特点，本章及第6章将分别从纵向和横向两个维度切入，深入研究基于创新的市场势力形成机制。

纵向维度的市场势力体现为价值链上处于特定价值环节的企业对其上下游环节厂商施加影响的能力及交易时的议价能力。从纵向维度看，居于价值链不同环节的上下游企业通过各类契约安排联系在一起，具有紧密的投入—产出联系，价值链内上下游厂商固然存在着相互协调配合的内在动力。但不可否认，上下游环节将对整条价值链的合作剩余进行分割，由此引发纵向维度的利益争夺[①]。上下游不同环节的价值增值程度，正体现了各环节厂商分工利益的多寡，而决定环节间利益分配的关键，就是本章要探讨的纵向维度的企业市场势力。

横向维度的市场势力表现为企业与处于同一价值环节的厂商开展同业竞争时，对自身产品价格的控制力及对同业竞争对手的影响力。从横向维度看，在全球价值链的同一环节，各企业将为了该环节的分工机会和分工利益而展开激烈的竞争；竞争的同质性越强，企业对于自身产品价格的决策越被动，其分工利益就越无法得到保证。依托整合全球经济要素为基础的创新，企业可以从不同的途径构筑进入壁垒，形成市场优势地位并增强赢利能力。第6章将着重分析在全球价值链的横向维度，发展中国家的电子信息企业如何基于创新提升市场势力，进而深入分析纵向与横向维度市场势力培育的内在联系。

5.2 国际竞争中垂直预占内涵的拓展

在垂直专业化分工体系中，分工利益的分配在价值链的上下游厂商间"此消彼长"。中游制造环节的企业面临着市场势力与创新能力双重缺失的困境，只能分得极为微薄的利润，而全球价值链的主导者——发达国家的跨国公司凭借对关键价值环节的垂直预占（Vertical Foreclosure）[②]，形成了强大的市场势力，攫取了绝大部分的分工利益。

垂直预占是市场预占（Market Foreclosure）的一种形式，Hart 和 Ti-

[①] 可参见彭绍仲，李海舰，曾繁华. 全球商品链的内部化与价格均衡机制[J]. 中国工业经济，2005，(9)：50~59。

[②] 也可称为垂直市场预占（Vertical Market Foreclosure）；市场预占"Market Foreclosure"在国内也被翻译为"市场圈定"、"市场圈占"。

role (1990)、Avenel 和 Barlet (2000) 及 Choi 和 Yi Sang-seung (2000) 基于企业的不同竞争行为,对垂直预占进行了专门的研究。Rey 和 Tirole (2003) 将垂直预占界定为:一家企业控制了某个市场的瓶颈产品,进而利用该瓶颈产品控制下游市场的价格,从而达到限制潜在竞争者进入并迫使竞争对手退出市场的目的。在西方理论界,市场预占仍是一个前沿命题,其概念界定尚未完全明晰。笔者认为,Rey 和 Tirole (2003) 的界定,未能充分考虑在全球价值链分工体系背景下"垂直预占"现象的新情况。为此,本书试图从以下三方面对 Rey 和 Tirole (2003) 的界定进行拓展:

第一,在全球价值链中,实现垂直预占所依赖的基础,绝不仅限于有形的"瓶颈性产品"。更多情况下,排他性占有"专利"、"标准"、"品牌"、"渠道信息"等无形资产,才是跨国公司实施垂直预占的主要内容。

第二,在全球价值链中,"竞争企业"的内涵被扩大了。跨国公司所需要排斥的对手,并非仅限于在同一产品市场、同一价值环节中的竞争者。由于全球价值链的上下游企业对于合作剩余与分工利益将展开激烈的竞争,因此居于中游环节的谋求实现"功能升级"的制造商对跨国公司亦构成了潜在的竞争威胁[①]。而限制中游制造商向上下游环节进驻成为跨国公司实施垂直预占的重要动机。

第三,在全球价值链中,实施垂直预占的跨国公司为了实现"利润最大化"的目标,并非简单地采取阻止中游供应商进入关键价值环节的策略,而是一方面严格垄断上下游环节各类战略性资源;另一方面对中游环节的制造商实行"纵向压榨"[②],扼制制造商能力的提升从而将潜在竞争者长期锁定于低附加价值环节。

因此,在垂直专业化分工背景下,本书所界定的"垂直预占"的内涵是:企业依靠对全球价值链中关键性战略资源及关键性价值环节的控制,形成了相对于其他环节企业的强势议价能力,挤占并夺取主要的分工利益,形成纵向压榨,并限制其他环节的企业在价值链上实现功能升级。

现实竞争中,受制于发达国家跨国公司实施的垂直预占,发展中国家

---

① "功能升级"是指在全球价值链中承担新的价值环节,包括从制造环节向研发、设计、市场、物流等相关领域拓展。参见:联合国工业发展组织. 工业发展报告 2006 [EB/OL]. http://www.unido.org/userfiles/hartmany/06IDR_ch6 - 062002.pdf.

② 参见张晔. 论买方垄断势力下跨国公司对当地配套企业的纵向压榨 [J]. 中国工业经济, 2006. 12:29~36。

的企业被锁定于全球价值链的中游制造环节。一方面，居于中游的制造企业自身创新能力弱，对外"技术依赖"比较普遍。面对跨国公司设置的"专利丛林"、"专利联盟"及"标准垄断"，很难向价值链上游进驻。另一方面，中游环节的制造企业亦无法掌握产品的国际市场渠道，只能任凭各级渠道商赚取高额利润，存在着严重的国际市场隔层问题。这种技术依赖与市场隔层，使发展中国家的中游制造企业在全球价值链中陷入"低端锁定"，在利益分配中处于极其不利的地位。要改变这种不利局面，企业应该开展反垂直预占，实现市场势力培育与创新能力提升的良性互动。

5.3 上游预占与中游反预占：创新能力与市场势力

上游垂直预占（Upstream Vertical Foreclosure），是指跨国公司垄断全球价值链上游与"创新能力"密切联系的关键价值环节，即 R&D 资源、专利和标准等，挤占和夺取中游企业的利润，限制中游企业向上游高端价值环节的功能升级，从而在纵向维度的利益分配中占据优势地位。

本节将对跨国公司实施上游垂直预占的具体体现进行分析，并讨论跨国公司实施上游垂直预占及发展中国家的中游制造企业开展反预占的问题。分析表明，提升创新能力是中游企业实施反垂直预占、改善分工地位的重要途径。在创新能力达到一定阈值后，中游制造企业能够增强议价能力，即迫使上游垄断卖家降低关键性中间品的价格，从而提升分工利益。

5.3.1 跨国公司对上游价值环节的垂直预占

1. 跨国公司对 R&D 资源的垂直预占

电子信息业是知识密集型产业，R&D 资源是跨国公司形成市场势力的主要源泉，研发活动能使产品的边际成本下降，从而使企业有能力凭借低于其他企业边际成本的价格出售商品，将缺乏效率的企业挤出市场。同时，研发活动亦能够创造差异化，使企业获得市场优势地位。因此，跨国公司通过牢牢控制住核心 R&D 资源，以巩固并增强自身的垄断优势，并借此在全球垂直专业化分工体系中形成强大的市场势力。

英国贸工部 DTI 发布的 2006 年研发排行榜，将全球研发支出最大的 1250 家公司按行业进行划分，并根据销售利润率和研发强度（研发经费占营业收入的比重）进行归类。结果显示，全球 R&D 支出最大的 1250 家跨国公司中，研发强度在 10% 以上的行业分属于 8 个行业，其中有 5 个行业属于电子信息业大类，分别为硬件业、电子业、数字娱乐业、有线通信业及软件业（见图 5-2）。

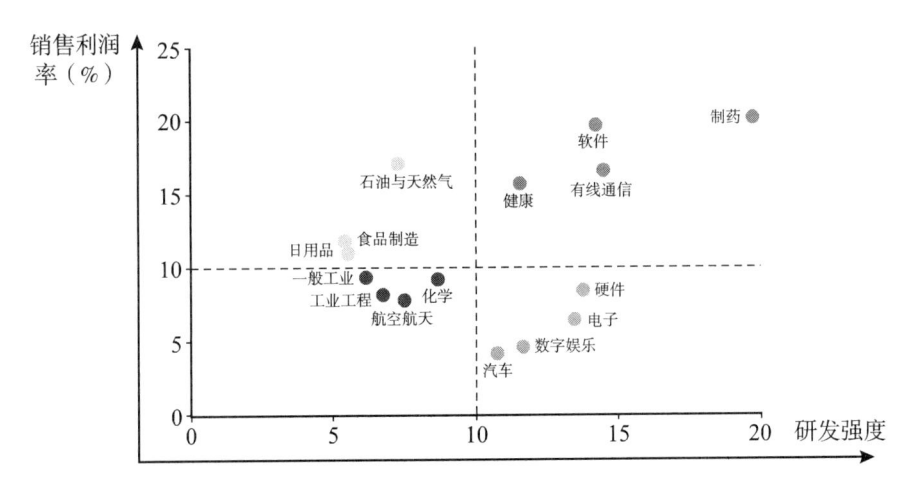

图 5-2　全球 R&D 支出最大的 1250 家公司的研发强度及销售利润率：行业分布

资料来源：DTI. The R&D Scoreboard 2006 [EB/OL]. http：//www. dti. gov. uk。

值得注意的是，跨国公司对我国的 R&D 投资中，电子信息业同样占据了主要比重。商务部 2006 年《中国外商投资报告》显示，电子及通讯制造业是我国吸引跨国公司 R&D 投资最为集中的行业，世界 500 强中电子信息类跨国公司有 80% 以上在华设立了 R&D 机构[①]。那么，跨国公司向我国增加 R&D 投资，是否意味着正在将核心的 R&D 资源向我国转移？而这又是否会削弱跨国公司的垄断优势和市场势力呢？事实上恰恰相反，跨国公司推动 R&D 全球化浪潮，是跨国公司在全球范围内更有效地对研发环节实施垂直预占的需要。跨国公司加快海外 R&D 机构布局，其目标正是优化全球 R&D 资源配置并提高 R&D 效率，这将进一步强化其在全球分工中的市场势力。跨国公司在我国设立研发机构的本意并非是开发核心

---

① 商务部. 中国外商投资报告 2006 [EB/OL]. http：//www. mofcom. gov. cn/。

技术，而是"适应市场"和"降低成本"的需要，具体而言：

第一，扩大市场占有率及提高在东道国市场的价格加成能力，是电子信息业跨国公司设立海外 R&D 机构的主要目标之一。电子信息业跨国公司在华设立研发机构，主要从事围绕我国市场的特殊需求进行适应型、专用技术型的研发，这类机构的属性多为"市场导向单位"（Hakanson and Nobel，1993）①。如拥有上千人研究队伍的 IBM 中国研究中心，主要从事本地化应用技术的开发；西门子中国研发中心也仅是针对本地市场完成产品开发，而西门子公司的基础性研究工作由美国普林斯顿的研发中心承担，应用技术研究在德国研发中心完成。

第二，获取廉价的 R&D 资源是电子信息业跨国公司加速在我国设立 R&D 机构的另一重要原因。由于研发人员的研发费用在电子信息企业的成本结构中占据很大比重，在发展中国家聘用低成本的研发人员，能有效降低跨国公司的研发成本，强化了将产品价格维持在边际成本之上的能力，从而增强企业的国际市场势力。英国的经济学家信息中心 EIU（2006）的调研报告指出：中国本土科研人员的工资水平相对很低，入门工资仅相当于西方国家的1/5。由于在中国拥有约3000名工程师，阿尔卡特大幅度地压缩了研发成本，并具备了向市场提供价格更低廉的电信设备的能力②。

综上所述，跨国公司国际市场势力的强化，建立在对全球 R&D 资源有效整合的基础之上。通过在发展中国家开展"市场导向型"和"成本控制型"R&D 活动，跨国公司提高了产品的本地化适应能力，降低了产品的边际成本和替代弹性，从而使价格加成能力得到进一步提高。

此外，跨国公司十分注重对技术和知识等核心资产的保护。近年来在华新设立的研发机构普遍采取独资形式，许多公司设立了专门进行知识产权管理的部门，以此保护技术秘密和知识产权，并保证总部对核心技术的控制。需要指出的是，跨国公司强大的市场势力有可能弱化本土企业的赢利能力，进而抑制了本土企业的创新动力与能力。杜群阳、朱勤（2007）对1999~2004年我国13个高技术产业的外资 R&D 外溢进行了经验研究，

---

① Hakanson 和 Nobel（1993）把跨国公司海外 R&D 机构分为：技术监测单位（Technology Listening Units）、生产支持单位（Production Support Units）、市场导向单位（Market-Oriented Units）、政策动机单位（Politically Motivated Units）和多元动机单位（Multi-motive Units）五类。

② 参见 EIU. 智慧思考：中国研发与创新. [EB/OL]. http://www.thomsonscientific.com.cn，2006.05.18。

结果表明，外资企业的市场占有率与本土企业的研发绩效呈负相关关系，说明外资企业过高的市场份额对本土企业创新形成了"挤出效应"。

2. 跨国公司对专利与标准的垂直预占

R&D 资源作为垄断优势的来源固然重要，然而由于知识存在着极大的"外部性"，若缺乏必要的知识产权保护，创新者的研发成果会被轻易模仿，企业市场势力将难以维系。专利及标准对知识产权进行了有力的保护，不仅是保障创新者合法利益的必要手段，也是企业维持市场势力的重要途径。Gilbert 和 Newbery（1982）认为，专利为企业获得市场势力提供了坚实的制度保障，抢先获得专利、形成标准已成为重要的研发策略之一。

在当今全球垂直专业化分工体系中，对专利和标准的垂直预占已经成为跨国公司主导国际分工格局，形成并维持市场势力的重要手段。其具体表现在：

第一，专利丛林（Patent Thicket）、专利联盟①（Patent Pool）的产生为跨国公司强化市场势力提供了制度保证。随着新技术革命不断向前推进，现代技术往往互相依赖且互为补充。某项复杂产品系统的研发，往往需要多种相关技术相互配合，并牵涉到众多被不同发明人拥有的互补性专利的许可问题②。此外，后续创新的专利即使技术更为先进，但在实际运用时必须得到基础专利许可，此类专利形成了牵制性专利。技术体系与专利系统的本质特征，决定了现实竞争中存在着大量互补性专利和牵制性专利。这就产生了"专利丛林"现象。从某种意义上而言，专利丛林的存在，一定程度上偏离了专利系统鼓励创新、促进产业发展的本意。为应对专利丛林现象并确保技术创新的自由，越来越多的跨国公司实施了"专利联盟"战略，即通过交叉许可、集中许可等方式来实现复杂产品系统的开发（Shapiro，2001）。

近年来，电子信息业跨国公司高度重视在华专利布局，试图以此形成"专利丛林"，扼制我国企业技术能力和市场势力的提升。根据信息产业部科学技术司的统计，20 世纪 90 年代以来，电子信息业跨国公司在我国

---

① 专利联盟（Patent Pool）亦称为专利池，是指多个专利拥有者为能够分享彼此间的专利技术或者统一对外进行专利许可而结成的联盟组织（李玉剑、宣国良，2004）。

② 当两个以上的专利所涉及的技术彼此相辅相成，使用其中一个专利技术将使另一些专利技术更有价值时，这些专利就是互补性专利。

的专利申请量平均每年以30%的速度高速增长。2006年，在华专利申请量排名前10位的外资企业，其专利申请数远高于我国电子信息业百强企业（华为技术有限公司除外），表5-1是这10家外资企业在我国申请专利的情况。

表5-1　　2006年信息技术领域外资企业在华专利申请量前10名

排名	企业名称	专利（件）	发明（件）	实用新型（件）	发明所占比例（％）
1	松下	11148	11098	50	99.55
2	三星电子	9764	9752	12	99.88
3	菲利浦	7682	7679	3	99.96
4	IBM	3941	3938	3	99.92
5	日本电气	3800	3800	0	100.00
6	佳能	3713	3707	6	99.84
7	索尼	3700	3697	3	99.92
8	西门子	3473	3463	10	99.71
9	精工爱普生	3351	3228	123	96.33
10	三菱电机	3044	3042	2	99.93

资料来源：信息产业部科学技术司.2006年信息技术领域专利态势分析报告[J].电子知识产权，2006.10：15～19。

此外，2006年所有发明专利申请中，国内发明专利申请的比重仅占32.83%，跨国公司申请的发明专利比重高达67.17%[①]，这说明跨国公司专利申请的质量远高于本土企业。显然，在华跨国公司在竞争战略上高度重视中国市场，通过对专利的垂直预占以维持市场势力并排斥竞争对手。

第二，通过对标准实施垂直预占，跨国公司形成了相对于价值链上其他环节的强大议价能力。在专利联盟产生后，国际间的标准竞争呈现出"专利标准化"的趋势，许多技术标准往往由一个或多个"专利联盟"组成，某种标准一旦被采用，则相关的"专利联盟"成员就可以收取巨额的专利许可费。跨国公司或选择技术内部化，将全球价值链中的制造环节外包给发展中国家的企业；或通过收取高昂的专利许可费，开展许可贸易来获取丰厚的利润。依靠对标准的垄断，发达国家的跨国公司迫使发展中

---

① 信息产业部科学技术司.2006年信息技术领域专利态势分析报告[J].电子知识产权，2006.10：15～19。

国家的制造商以极其廉价的条件参与国际分工，从而形成纵向压榨。我国DVD行业受到3C、6C联盟的纵向压榨正是一个典型的例子，我国企业每出口1台售价32美元的DVD产品，交给跨国公司的专利费高达60%，只能赚取1美元的微薄利润[①]。

根据形成方式的差异，标准可被区分为法定标准和事实标准两类。前者由政府或国际标准组织制定；后者虽然未经官方标准设定机构批准，但通过企业间"私有协议"或多个企业的"联合声明"，而可被业界普遍接受。目前，拥有大量"事实标准"已成为跨国公司形成纵向维度市场势力的主要手段。全球电子信息业中占主导地位的跨国公司，利用先动优势、网络效应和知识产权保护，通过形成大量事实标准，极大程度上巩固了其市场势力。

第三，通过对专利和标准的垂直预占，跨国公司扼制了发展中国家企业技术能力的提升和市场势力形成。由于标准的自我增强机制会催生"过度惰性"（Excess Inertia）[②]，在这种情况下，如果转换成本高于采用新标准带来的效用增加，消费者将拒绝使用更为先进的技术标准。而旧标准的持有企业为了保持其市场势力，更会致力于维护旧标准的主导地位。所以，在被标准所主导的国际市场中，处于价值链中游的制造企业想要依靠技术跨越而更新相关标准，将会受到巨大的阻碍。事实上，作为标准垄断者的跨国公司，对我国电子信息企业主导制定的标准设置了重重障碍。例如，我国提出的3G移动通信国际标准TD-SCDMA、试图推出的无线局域网强制性国家标准WAPI等，均曾遭到国外标准集团的打击。冯根福等（2006）指出，电子信息业的绝大部分标准都是通过市场机制形成的，但在网络外部性出现的情况下，市场化的标准形成机制可能是"无效率"的，事实标准的大量出现，将遏制后发企业研发并应用新技术。

综上所述，电子信息业模块化产业结构中系统规则的制定者，即主导性跨国公司依靠其在研发领域的先发优势，通过对专利和产业标准的垂直预占，形成了对全球价值链中其他环节的强大控制力，这直接导致了国际分工利益分配严重失衡。

---

① DVD专利费之争：中国制造业的蒙羞[EB/OL]. http：//qkzz.net/list/1671-4881/2007/06/。
② 此处的"过度惰性"是指，由于现存标准具有强大的外部性，使社会对于从旧标准向新标准转换表现出过度的不情愿（Farrell and Saloner, 1986）。

5.3.2 上游垂直预占与中游反预占的分析

张弘和寇宗来（2006）分析了封闭经济中制造企业的创新能力对均衡的技术许可费用和市场结构的影响[①]。本小节在张弘和寇宗来（2006）研究的基础上进行拓展，分析发达国家跨国公司利用对关键性中间产品的垂直预占，侵占居于价值链中游环节的发展中国家制造商利润的现象；并分析在此状况下，发展中国家中游制造商通过提高自身创新能力，实施反垂直预占并形成市场势力的可能。本模型进一步讨论了发展中国家的贸易政策对于企业实施反垂直预占所产生的影响。

1. 跨国公司实施上游垂直预占

假设在某电子信息品全球价值链中，存在着拥有关键技术的跨国公司 M 及居于发展中国家的制造商 N。M 和 N 都生产最终产品 B，而 B 的生产需要关键性投入品 A，由于跨国公司 M 垄断了 A 的核心技术，故只有当 M 以价格 P_A 出售关键性投入品 A 给 N 时，N 才可进行产品 B 的生产。由于电子信息品普遍存在着规模报酬递增效应，为便于讨论，假设 A 之单位成本趋于无穷小，此处将其设定为0。B 的需求曲线为 $Q = 1 - P$。假设除关键性投入品 A 外，最终产品 B 的生产还需投入劳动要素[②]，以 C_B^M 表示 M 生产一单位最终产品 B 所需的劳动成本；C_B^N 表示 N 生产一单位最终产品 B 所需的劳动成本。

由于跨国公司 M 垄断了技术，因此对关键性投入品 A 的价格拥有完全的决定权，M 将根据利润最大化原则确定 P_A。如果将 P_A 定得很高，则发展中国家的制造商 N 势必无法承受垄断高价而被迫退出 B 的生产，此时跨国公司 M 的垄断利润为 $\pi_{M0} = \dfrac{(1 - C_B^M)^2}{4}$。若 M 所制定的 P_A 可使 N 利润为正，则 N 会继续从事最终产品 B 的生产。由 N 的总边际成本为 $C_B^N + P_A$，可得古诺均衡条件下跨国公司 M 的利润：

[①] 张弘，寇宗来. 自主创新能力，专利许可与市场结构 [J]. 产业经济研究，2006.5：1~7。

[②] 本小节主要分析以劳动密集型加工贸易形式参与价值链分工的企业受到上游跨国公司纵向压榨的问题。因此，假设中间产品边际成本为0，并假设除中间产品以外，劳动是唯一的投入要素。

$$\pi_M = \frac{1}{9}[1 - 2C_B^M + P_A + C_B^N]^2 + \frac{1}{3}P_A[1 - 2P_A - 2C_B^N + C_B^M]$$

M 的利润最大化一阶条件为 $\frac{\mathrm{d}\pi_M}{\mathrm{d}P_A} = \frac{5 - C_B^M - 4C_B^N - 10P_A}{9} = 0$，将满足该条件的关键性投入品价格计为 P_{A1}，可知 $P_{A1} = \frac{1}{10}(5 - C_B^M - 4C_B^N)$。在 P_{A1} 既定的情况下，M、N 将在最终产品市场进行古诺博弈，从而确定各自的产量 Q_{M1}、Q_{N1}，以及各自的利润 π_{M1}、π_{N1}：

$$Q_{M1} = \frac{1}{10}(5 + 2C_B^N - 7C_B^M) \tag{5-1}$$

$$Q_{N1} = \frac{2}{5}(C_B^M - C_B^N) \tag{5-2}$$

$$\pi_{M1} = (Q_{M1})^2 + P_{A1} \cdot Q_{N1} = \left(\frac{1}{2} + \frac{1}{5}C_B^N - \frac{7}{10}C_B^M\right)^2 + \frac{1}{25}(5 - C_B^M - 4C_B^N) \cdot (C_B^M - C_B^N)$$

$$\pi_{N1} = (Q_{N1})^2 = \frac{4}{25}(C_B^M - C_B^N)^2$$

$$\pi_{M1} - \pi_{M0} = \left(\frac{1}{2} + \frac{1}{5}C_B^N - \frac{7}{10}C_B^M\right)^2 + \frac{1}{25}(5 - C_B^M - 4C_B^N) \cdot (C_B^M - C_B^N) - \frac{(1 - C_B^M)^2}{4} = \frac{1}{5}(C_B^M - C_B^N)^2 \geq 0 \tag{5-3}$$

由（5-2）式可知，当 $C_B^N < C_B^M$ 时，则 $Q_{N1} > 0$，说明当发展中国家的中游制造商相较控制核心技术的跨国公司存在劳动力成本优势时，就可凭借此优势参与国际分工。由（5-3）式可知，在有发展中国家制造商共同参与最终产品 B 生产的情况下，跨国公司 M 所获的利润 π_{M1} 将大于其在完全垄断情况下获得的利润 π_{M0}。所以，跨国公司存在着将关键性投入品出售给发展中国家制造商的动力，从而实施纵向压榨以获取最大化利润。然而，对于发展中国家的制造商而言，尽管可通过劳动力成本优势参与国际分工，但劳工标准的提高尤其是劳动力价格上升已成为不可回避的问题，越来越多的企业意识到，单纯依赖劳动力成本差距是不可持续的，故居于价值链中游的制造企业必须通过提高自身创新能力并实施反垂直预占，才可突破这种困局。

2. 发展中国家中游企业的反垂直预占

通过对关键技术研发活动的垂直预占，占据价值链上游的跨国公司对中游制造企业实施纵向压榨,从而实现国际分工利益的最大化。下面的分析将表明,中游制造商增强自身创新能力,是开展反垂直预占的关键及有效之途径。

假设发展中国家中游制造商 N 通过培育创新能力开展自主研发,可自行生产产品 B 的关键性投入品 A,从而突破了必须向跨国公司 M 进口 A 的束缚。在此情况下,假设其独立生产最终产品 B 的总成本为 I_B^N,而 I_B^N 的大小可用于衡量制造商 N 的创新能力, I_B^N 越小表示其创新能力越强, I_B^N 越大则表示其创新能力越弱。在中游制造商 N 以自主研发的关键性投入品 A 生产最终产品 B 的情况下,跨国公司 M 和中游制造企业 N 的古诺均衡产量分别为 Q_{M2}、Q_{N2}:

$$Q_{M2} = \frac{1}{3}(1 - 2C_B^M + I_B^N) \tag{5-4}$$

$$Q_{N2} = \frac{1}{3}(1 + C_B^M - 2I_B^N) \tag{5-5}$$

(5-5)式表明,当 $\frac{1+C_B^M}{2} > I_B^N$ 成立时,制造商 N 的自主研发才是有意义的,即 $Q_{N2} > 0$。并且, N 是否进行自主研发将主要取决于 I_B^N 和 $C_B^N + P_A$ 大小的比较。当 $I_B^N > C_B^N + P_A$, N 将选择从 M 处购买关键性投入品 A;若 $I_B^N < C_B^N + P_A$,则 N 将选择自主研发生产 A。

继而考虑在制造商 N 拥有自主研发生产关键性投入品 A 的能力的威胁下,跨国公司 M 的定价策略调整问题,这需要比较两类情况下跨国公司 M 的利润。

情况之一是中游制造商 N 自主研发生产 A 即不再向跨国公司 M 进口时, M 的利润为 π_{M2}:

$$\pi_{M2} = \frac{1}{9}(1 - 2C_B^M + I_B^N)^2 \tag{5-6}$$

情况之二是制造商 N 拥有自主研发生产关键性投入品 A 的能力,在此潜在威胁下,跨国公司 M 以 $P_{A2} = I_B^N - C_B^N$ 的定价向制造商 N 出售关键性投入品 A,此时 M 的利润为 π_{M3}:

$$\pi_{M3} = \frac{1}{9}(1 - 2C_B^M + I_B^N)^2 + \frac{1}{3}(I_B^N - C_B^N) \cdot (1 - 2I_B^N + C_B^N) \tag{5-7}$$

从(5-6)式及(5-7)式反映出,由于 $P_A = I_B^N - C_B^N$ 且 $P_A > 0$,又

有 $\frac{1+C_B^M}{2} > I_B^N$，因而 π_{M3} 必然大于 π_{M2}。这说明，当制造商 N 具备自主研发能力，跨国公司 M 仍希望以合适的定价向制造商 N 出售关键性投入品 A，从而实现自身利润最大化。

那么，跨国公司 M 对于关键性投入品的定价与发展中国家制造商 N 的研发能力之间存在着何种关系？前面已经指出，若 $P_A \leq I_B^N - C_B^N$，则 N 缺乏动力从事自主研发，而将选择直接向跨国公司 M 购买关键性投入品 A；若 $P_A > I_B^N - C_B^N$，发展中国家制造商 N 将选择自主研发，则跨国公司 M 只能根据 N 能接受的边际价格来制定 P_A，此时 $P_A = I_B^N - C_B^N$。

因此，当 $P_A > I_B^N - C_B^N$，即 $I_B^N < \frac{1}{2} + \frac{3}{5}C_B^N - \frac{1}{10}C_B^M$ 时，M 对关键性投入品 A 的最优定价为 $P_A = I_B^N - C_B^N$。当 $P_A < I_B^N - C_B^N$，即 $I_B^N > \frac{1}{2} + \frac{3}{5}C_B^N - \frac{1}{10}C_B^M$ 时，M 对关键性投入品 A 的最优定价为 $P_A = P_{A1} = \frac{1}{10}(5 - C_B^M - 4C_B^N)$。显然，只有当中游制造商 N 开展自主研发，使自身创新能力突破一定阈值（即满足 $I_B^N < \frac{1}{2} + \frac{3}{5}C_B^N - \frac{1}{10}C_B^M$ 的条件时），则 N 的创新能力才能对跨国公司 M 造成真正的威胁，迫使跨国公司 M 下调 A 的价格。由此可见，国外跨国公司能够实施上游垂直预占的重要原因，正是对 R&D 资源的垄断，中游制造企业虽然在短期内无法改变利益分配格局，但自主研发能力的提高无疑将有助于实施反垂直预占，改善中游企业受压榨的不利地位。

最后，应重视发展中国家的贸易政策对企业开展反垂直预占、提升创新能力的影响。假设发展中国家对最终产品 B 征收进口关税，税率为 T；对关键性投入品 A 征收进口关税，税率为 t。根据有效保护率理论，当 $T = t$ 时，对本国生产商 N 的有效保护率 ERP $= T = t$；当 $T < t$ 时，对本国生产商 N 的有效保护率 ERP $> T$，但此时，关键性投入品的国产化受到抑制，本国企业始终受到国外跨国公司的纵向压榨；当 $T > t$ 时，对本国生产商 N 的有效保护率 ERP $< T$，这虽然将削弱对最终产品 B 的保护力度，甚至可能造成负保护，但却能刺激本国企业加大研发力度，提高创新能力并促进中间产品国产化。

联系前一节的分析，可以看出：在参与国际竞争的初期，发展中国家的制造企业往往缺乏形成创新能力所必须的知识及人力资本积累，要提高创新能力存在很大困难。这种情况下，对最终产品制造业采取"关税升级"的贸易保护政策，不失为一种可行的选择。需要指出的是，当中游制造企业形成了一定的自主创新能力后，发展中国家不应一味鼓励这些企业在制造环节的过度扩张，而可以通过提高中间产品税率、降低最终产品税率，以激励国内企业加大研发投入，形成在关键性投入品上的创新能力。

5.4 下游预占与中游反预占：创新价值实现与市场势力

下游垂直预占（Downstream Vertical Foreclosure），是指跨国公司垄断了全球价值链下游与"创新价值实现"密切联系的关键环节即渠道、品牌等，挤占和夺取中游企业的利润，限制中游企业向下游高端价值环节的功能升级，从而在纵向维度的利益分配中占据优势地位。

本节将对跨国公司实施下游垂直预占的具体体现进行分析，并讨论跨国公司实施下游垂直预占及发展中国家的中游制造企业开展反预占的问题。分析表明，中游制造企业即使拥有一定研发能力，但如果渠道受制于人，就无法实现创新的价值，仍会受到下游跨国公司的纵向压榨而缺乏市场势力。向下游分工环节拓展，实施渠道"垂直整合"①，有助于中游制造企业提升市场势力。

5.4.1 跨国公司对下游价值环节的垂直预占

1. 跨国公司对渠道的垂直预占

在垂直专业化分工背景下，纵向维度市场势力形成的核心是对渠道的垂直预占。在当今的国际市场竞争中，跨国公司凭借其全球资源的整合能力、信息优势和资金优势，通过实施下游垂直预占，牢牢地掌控着产品的国际市场渠道。由于电子信息业产品生命周期短且市场竞争激烈，高效运

---

① 此处的"垂直整合"，是指企业不局限于原有的价值活动，向上游或下游价值环节拓展的创造性活动。垂直整合并非仅针对产权的垂直一体化（Vertical Financial Ownership），也包括垂直契约（Vertical Contract）整合。

作的渠道往往有助于电子信息企业赢得速度经济,确保稳定的利润,加快创新成果的价值实现,并为进一步的研发投入提供具有时效性的信息。发达国家跨国公司凭借在国际市场中的经营经验和文化优势,与海外渠道商建立了稳固的渠道关系,并通过排他性协议,阻碍潜在竞争者获取海外市场的渠道。中游制造商由于无法掌握市场渠道,只能任凭各级国际渠道商赚取高额利润。

下面就以电子信息产品的分销渠道为例,分析跨国公司对产品渠道的垂直预占情况。在Bienstock (1997) 研究的基础上,可总结出电子信息产品分销渠道的基本模式。需要说明的是,电子信息产品中的工业产品(中间品及资本品)与消费电子类产品,具有不同的分销模式(见图5-3)。

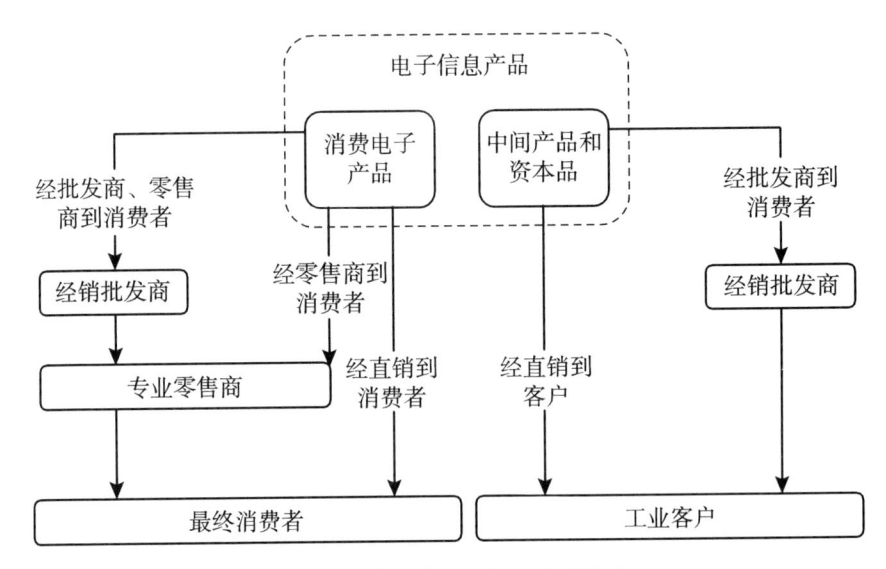

图5-3 电子信息产品的分销模式

电子信息业的中间品及资本品的国际流通渠道可细分为两类:

一类是生产商直销,通常是生产商与发包商达成委托制造等契约,由生产商向发包商提供中间产品。在这种直销式的分销模式中,"渠道商"实际上就是生产企业内部的科层销售组织。然而,除非生产商具有独特的技术或产品优势,否则渠道权力往往集中于发包方,即全球价值链中的主导性跨国公司。

另一类是由分销商进行的间接销售。在这一类国际流通渠道中,国际大分销商高度集中,并控制了主要的渠道权力。以全球电子元件市场渠道为例,2006年,经全球前十大分销商销售的电子元件产品销售额达到458亿美元,占全球市场销售额的94%以上,其中主要营业额又集中于两家最大的分销商——安富利与艾睿电子,表5-2是这十大分销商的情况及其提供的增值服务。全球电子元件分销之所以高度集中,是因为在知识密集型的电子信息业中,渠道控制的关键是有能力提供物流、系统集成、设计服务等高附加价值的活动,国际性分销商正是依靠其独特的服务优势,强化了对市场的控制力。目前,这些分销渠道的跨国巨头正在不断加大对周边企业的整合力度,如安富利对复杂计算解决方案的增值分销商 Access Distribution 进行了收购;艾睿电子完成了对 Alternative Technology、Agilysys KeyLink 等公司存储与安全分销部门的收购。

表5-2　　　　2006年全球电子元件市场前十大分销商排名

排名	公司	收入（亿美元）	国家（地区）	产品	增值服务
1	安富利	147.7	美国	半导体、无源器件、机电组件、连接器、计算机及周边设备	物流、物流清单管理、配套供应、设计服务、系统集成、VMI、测试、编程、顺应环保服务
2	艾睿	138	美国	半导体、无源器件、机电组件、连接器、计算机及周边设备	物流、物流清单管理、配套供应、设计服务、系统集成、VMI、测试、编程、顺应环保服务
3	富昌电子	40.15	加拿大	半导体、无源器件、机电组件、连接器	物流、物流清单管理、配套供应、设计服务、系统集成、VMI、测试、顺应环保服务
4	大联大	35.76	中国台湾	半导体	物流、物流清单管理、设计服务、VMI、测试、编程、顺应环保服务
5	Bell Microproducts	34	美国	半导体、计算机及周边设备	物流、物流清单管理、配套供应、设计服务、系统集成、VMI、测试、编程

续表

排名	公司	收入（亿美元）	国家（地区）	产品	增值服务
6	Premier Famell	15.31	英国	半导体、无源器件、机电组件、连接器	配套供应、设计服务、VMI
7	Electro components	14.64	英国	半导体、无源器件、机电组件、连接器、电池/电源供应、计算机及周边设备等	物流、物流清单管理、配套供应、设计服务、系统集成、VMI、测试、编程、顺应环保服务
8	TTI/Mouser Electronics	12.25	美国	TTI：无源器件、机电组件、连接器；Mouser：半导体、无源器件、机电组件、连接器、电池/电源	TTI：物流、VMI、顺应环保服务 Mouser：VMI、配套服务
9	Dioi-Key	8.29	美国	半导体、无源器件、机电组件、连接器、电池/电源供应等	物流、物流清单管理、配套供应、设计服务、VMI、编程
10	好利顺	7.27	美国	半导体、无源器件	物流、物流清单管理、配套供应、VMI、编程

注：VMI（Vendor Managed Inventory）指供应商管理库存。
资料来源：Jennifer Baljko. The 2006 top global distributors [EB/OL]. http://www.my-esm.com/。

在电子信息业的消费电子产品市场中，终端零售商拥有着高度的渠道权力。与工业品市场相类似，在消费电子产品领域，渠道权力越来越多地从制造商向流通商转移，且往往集中于零售终端的大型零售商。20世纪80年代初，渠道权力曾被制造商掌握，而20世纪90年代以来，渠道扁平化趋势日益明显，在各层批发商不断减少甚至消失的同时，专业的终端零售商成为渠道权力的主控方。

以家电业为例，百思买（Best Buy）、Circuit City、Radioshack等三家企业是美国终端市场的支配者；山田电器、小岛电器在日本的零售市场占据主导地位；狄克逊公司则控制了英国大部分的终端市场份额。家电连锁零售巨头在与制造商的交易中占据了很大的主导性,并利用其渠道权力对制造商进行纵向压榨。

2. 跨国公司对品牌的垂直预占

品牌作为"对消费者产生价值的信号"(Erdem and Swait,1998),能够增加产品效益,产生品牌溢价。如前面所述,电子信息产品的"网络效应"和"锁定"效应,使得拥有强势品牌的厂商能够凭借"赢家通吃"的优势而获得强大的市场优势地位。事实上,跨国公司依靠强势品牌提高溢价能力正是市场势力的具体体现。Fernandez-Barcala 和 Gonzalez-Diaz(2006)指出,面对信息不对称及高搜寻成本等因素均会产生交易契约的风险,品牌可以提高可信度和消费者对质量的感知,提高产品的期望效用,降低信息搜寻成本,从而使消费者愿意为有着良好信誉的品牌商品支付高额溢价[①]。

电子信息产品的品牌溢价空间虽然不如服装、手表等商品的溢价空间巨大,但仍会由于企业在设计、风格、性能、质量、服务等方面的差异,形成各品牌自身独特的价值。如美国苹果公司,依靠强大的设计能力和对市场需求的敏锐把握,先后推出的 iMac 笔记本、iPod 播放器、iPhone 手机等,尽管价格均高于同类产品,但却在世界各地受到消费者的追捧。然而令人遗憾的是,相对于国际品牌而言,我国本土品牌明显缺乏溢价能力(何佳讯,2006)。

电子信息业中,许多产品(如手提电脑、手机等)的全球价值链是介于生产商驱动型(Producer driven)和采购商驱动型(Buyer driven)之间[②],属于混合型价值链(于明超、刘志彪等,2006)。在混合型全球价值链中,主导性跨国公司不仅是拥有上游核心技术的生产商,同时也是控制下游品牌和渠道的运营商;强势品牌对于跨国公司主导价值链的治理和利益分配格局具有决定意义。在电子信息业全球价值链中,如微软、英特

---

① 品牌溢价(Brand Premium),是指与提供相似效用的其他产品相比,消费者愿意为某品牌产品多支付的费用(Aaker,1996)。

② Gereffi(1999)在波特提出的"价值链"概念基础创立了全球价值链理论。他将全球价值链区分为生产商驱动型(Producer driven)和采购商驱动型(Buyer driven)两类。前者由掌握关键技术的制造商主导整个生产网络,在汽车、航空等资本和技术密集型产业中较为普遍;后者由大型零售商、品牌商和营销商等(统称为采购商)控制国际生产网络,在鞋类、服装等劳动密集型产业较为普遍。

尔、诺基亚等主导性跨国公司，往往同时控制了上游核心技术和下游品牌资源，从而形成了强大的市场势力。

电子信息产品网络效应和规模经济效应的存在，使得发达国家的跨国公司高度重视对品牌的垂直预占。2006年，《商业周刊》全球最具价值品牌100强中，电子信息业中的跨国公司占26家（见表5-3）。凭借资金优势和丰富的品牌运作经验，发达国家的跨国公司拥有了不断增值的品牌资产[①]，并在此基础上形成对消费群体的"锁定"。更为重要的是，随着品牌优势的不断增强，国际性品牌的拥有者在全球价值链中的谈判能力更加强大。

表5-3　2006年全球最具价值品牌100强中的电子信息类跨国公司

排名	公司	国家	品牌价值（百万美元）	排名	公司	国家	品牌价值（百万美元）
2	微软	美国	56926	35	佳能	日本	9968
3	IBM	美国	56201	39	苹果	美国	9130
4	GE	美国	48907	44	西门子	德国	7828
5	英特尔	美国	32319	47	eBay	美国	6755
6	诺基亚	芬兰	30131	48	菲利浦	荷兰	6730
13	惠普	美国	20458	49	Accenture	百慕大	6728
18	思科	美国	17532	51	任天堂	日本	6559
20	三星	韩国	16169	55	Yahoo	美国	6056
24	Google	美国	12376	57	施乐	美国	5918
25	Dell	美国	12256	69	摩托罗拉	美国	4569
26	索尼	日本	11695	70	柯达	美国	4406
29	甲骨文	美国	11459	77	松下	日本	3977
34	SAP	德国	10007	94	LG	韩国	3010

资料来源：（美）商业周刊. the Wolrd Top Brands 2007 [EB/OL]. http://www.businessweek.com/。

值得重视的是，跨国公司为进一步实施品牌垂直预占，对我国电子信息业本土品牌采取了"消灭式品牌并购"的竞争策略。如20世纪80年代，菲利浦买断了"孔雀"电视的品牌使用权却弃而不用；西门子与扬子冰箱合资后即封存了"扬子"品牌；1995年，韩国三星与香雪海合资

[①] 品牌资产是指品牌给产品带来的超越其功能的附加价值或附加利益（Farguhar, 1989）。

时约定3年内不生产香雪海品牌产品；1998年以来，柯达先后在中国收购了汕头公元、厦门福达和保定乐凯等企业，而柯达在中国的市场占有率也从1998年的不到20%猛增至2004年的50%以上[①]。这种并购行为，是以资本手段消除竞争对手，对我国企业市场势力的形成极为不利。

5.4.2 下游垂直预占与中游反预占的分析

张晔（2006）分析了跨国公司依靠买方垄断势力对上游本土企业的纵向压榨[②]；陈柳、刘志彪（2006）研究了企业从代工生产过渡到自创品牌的升级过程[③]。在对上述两项研究成果进行综合并拓展的基础上，本小节将分析跨国公司实施下游垂直预占与发展中国家中游制造企业的反垂直预占问题。

通过在分析框架中引入两个不同的企业群 M_i 以及 M_j，本小节指出即使某企业群在进行技术创新后，若未能自建渠道，进入实现创新价值的下游关键环节，仍然可能面临分工利益的损失；通过引入"创新企业进入下游流通渠道且退出价格竞争，中间品价格将被提高"的假设，本小节将深入分析发展中国家制造商进入下游价值环节后，所获分工利益的增进。

1. 跨国公司实施下游垂直预占

假设在全球价值链中游制造环节，存在企业群 M_i（共有 i 家企业）以及 M_j（共有 j 家企业），在全球价值链下游环节，存在控制着流通渠道及品牌的跨国公司群 N_x（共有 x 家企业）。企业群 M_i 以及 M_j 均为下游跨国公司群的产品供应商，为 N_x 提供中间产品 K，以便 N_x 生产最终产品 F。

M_i 及 M_j 的边际生产成本分别为 MC_i、MC_j，假设 M_i 通过内部组建R&D联盟等形式致力于自主创新，在某一时点实现了 $MC_i < MC_j$。产品 K 的反需求函数为 $P^K = f(Q^K)$，将某代表性供应商记为 M_v，其产品供给量

---

① 外资并购中国企业的背后 [EB/OL]. http://www.onlyit.cn/mba_article/at_b/at_b_03865_470.htm.

② 张晔. 论买方垄断势力下跨国公司对当地配套企业的纵向压榨 [J]. 中国工业经济, 2006.12：29~36。

③ 陈柳, 刘志彪. 代工生产、自主品牌与内生激励 [J]. 财经论丛, 2006.5：8~13。

是 q_k^v，则 $Q^K = \sum_{v=1}^{n} q_k^v$ $(n = 1, 2, \cdots, i+j)$。

最终产品 F 的价格为 P^F，反需求函数为 $P^F = f(Q_N^F)$，其中 $Q_N^F = \sum_{u=1}^{n} q_F^u$ $(n = 1, 2, \cdots, x)$，将某代表性跨国公司记为 N_u，其生产函数为 $q_F^u = g(q_k^v, q_t)$，该函数严格凹并二次可微，其中 q_t 是产品在流通领域投入要素的数量，流通领域投入要素的价格为 P_t。

根据假设，制造企业群 M_i 在某一时点实现了 $MC_i < MC_j$，如果 M_i 并未自建渠道即进入下游价值环节，则企业群 M_i 会将价格降低至 MC_j 以下，从而迫使企业群 M_j 退出竞争。但即使 M_j 退出市场，M_i 仍然缺乏与下游跨国公司的议价能力，因为 M_i 提供的产品 K，其价格 P^K 完全由下游跨国公司根据自身利润最大化目标而确定。

$$\max \pi_N^u = P^F q_F - P^K q_K - P_t q_t - F_N$$

上式中，F_N 是某代表性跨国公司 N_u 的固定成本，N_u 通过确定产品 K 的购买数量 q_k，而实现其利润最大化。其利润最大化的一阶条件为：

$$\frac{d\pi_N^u}{dq_k} = \frac{dP^F}{dQ_N^F} \frac{dQ_N^F}{dq_F} \frac{\partial q_F}{\partial q_k} q_F + \frac{\partial q_F}{\partial q_k} P^F - \frac{dP^K}{dQ^K} \frac{dQ^K}{dq_K} q_K - P^K = 0$$

上式整理后可得：

$$P^F \frac{\partial q_F}{\partial q_k} \left(1 + \frac{dQ^K}{dq_K} \frac{q_F}{Q^F} \frac{dP^F}{dQ_N^F} \frac{Q_N^F}{P^F}\right) = P^K \left(1 + \frac{dQ^K}{dq_K} \frac{q_K}{Q^K} \frac{dP^K}{dQ^K} \frac{Q^K}{P^K}\right) \quad (5-8)$$

令 $\frac{\partial q_F}{\partial q_k} = MPL_n^k$，表示 N_u 使用的投入产品 K 之边际产出。令 $\frac{dQ^K}{dq_K} \frac{q_F}{Q^F} = \alpha_n$，表示 N_u 的产出猜想弹性，即 N_u 猜想跨国公司群总产量对其产量变动的反应弹性。$-\frac{dQ_N^F}{dP^F} \frac{P^F}{Q_N^F} = \beta$ 表示最终产品的需求价格弹性。$\frac{dQ^K}{dq_K} \frac{q_K}{Q^K} = \delta_n$ 代表 N_u 的投入猜想弹性，即 N_u 猜想自身对 K 的需求增加时，下游总体对中游制造品 K 的总需求变动弹性。$\frac{dQ^K}{dP^K} \frac{P^K}{Q^K} = \gamma$ 即为产品 K 的供给价格弹性。可将（5-8）式简化记为：

$$P^K = \frac{P^F MPL_n^k \left(1 - \dfrac{\alpha_n}{\beta}\right)}{1 + \dfrac{\delta_n}{\gamma}} \quad (5-9)$$

由（5-9）式可见：在 MPL_n^k 不变的情况下，中游制造商的产品定价 P^K 与跨国公司的投入猜想弹性 δ_n 负相关，这说明跨国公司 N_u 在下游市场中所占份额越大，及其买方垄断势力越大，则 P^K 越低。然而，中游制造商的产品定价与下游跨国公司的产出猜想弹性 α_n 正相关，说明 N_u 之竞争对手的产出反应越敏感，则 P^K 上升越明显。此外，中游制造商的产品定价 P^K 与 P^F、β 及 γ 正相关。

从上式所反映的影响 P^K 的诸因素来看，中游企业群 M_i 实现技术创新降低产品成本后，即使其竞争对手 M_j 被迫退出竞争，M_i 的产品价格 P^K 仍然受到其下游跨国公司 N_u 的控制，即 M_i 仍缺乏市场势力。而且，下游跨国公司 N_u 的市场份额越高，买方垄断势力越大，则中游供应商的分工利益将受到更严重的侵占，故下面将分析如何改变这种被动的局面。

2. 发展中国家中游企业的反垂直预占

上面指出，虽然中游企业群 M_i 实现了技术创新，其产品价格 P^K 仍可能受下游跨国公司控制，M_i 仍然无法获取创新应带来的市场势力。那么采取何种路径可突破这种不利格局呢？笔者认为，实现了技术创新且有效降低成本的中游制造企业，应该突破在中游开展激烈价格竞争的固有思路，充分依靠成本降低的优势向价值链下游拓展，实施渠道整合，从而实施反垂直预占。具体分析如下：

当下游跨国公司 N 从 M_j 处购入的产品 K 的成本高于创新企业 M_i 生产 K 的成本，M_i 即可利用这一优势进行品牌及渠道建设，进入最终产品市场，与 N 直接竞争。由于品牌产品涉及差异化，不适合采用完全竞争分析框架，故将市场结构假设进行调整。假设存在中游制造企业 M_1、M_2，以及控制品牌及销售网络的下游跨国公司 N，M_1、M_2 均为 N 提供制造品 K，而 N 向市场提供最终的品牌产品 F。M_1、M_2 的边际生产成本分别为 MC_{M1}^I、MC_{M2}^I，N 的销售成本为 v_N^F。K 的需求函数为 $Q^K = f(P^K)$，F 的需求函数为 $Q_N^F = f(P^F)$。假设 M_1 进行技术创新后实现了 $MC_1 < MC_2$，则 M_1 可采取两种竞争策略：

一是仍然与 M_2 展开 Bertrand 竞争，M_1 会采取 $P^I = MC_{M2}^I$ 的定价策略，将产品 K 的价格降到 M_2 的边际成本水平，从而迫使 M_2 退出竞争，此时 M_1 的利润函数为：

$$\max \pi_{M_1} = (P^I - MC_{M_1}^I) \cdot Q^I = (MC_{M_2}^I - MC_{M_1}^I) \cdot Q^I$$

另一种策略，有效降低成本后的 M_1 不再为 N 提供制造品 K，而是充分利用成本优势进行渠道整合，自创品牌进入最终产品市场。假设其销售成本为 $v_{M_1}^F$。由于 M_1 为下游市场的新进入者，要逾越进入壁垒，故假设 $v_{M_1}^F > v_N^F$。

面对新的进入者 M_1，跨国公司 N 将增加销售成本与其展开竞争。同时，由于 M_1 进入了下游市场且不再提供产品 K 给跨国公司 N，故中游的制造企业 M_2 就有可能提高产品 K 的供应价格。因此，跨国公司 N 的单位成本将为 $(MC_{M_2}^I)' + (v_N^F)'$，其中 $(MC_{M_2}^I)' > MC_{M_2}^I$，$(v_N^F)' > v_N^F$。若条件 $(MC_{M_2}^I)' + (v_N^F)' > MC_{M_1}^I + v_{M_1}^F$ 成立，M_1 的最终产品边际成本低于 N 的最终边际成本，则 M_1 的利润函数为：

$$\max \pi'_{M_1} = (P^F - MC_{M_1}^I - v_{M_1}^F) \cdot Q^F = [(MC_{M_2}^I)' + (v_N^F)' - MC_{M_1}^I - v_{M_1}^F] \cdot Q^F$$

上式的一阶最大化条件为：

$$\frac{\mathrm{d}\pi'_{M_1}}{\mathrm{d}[(MC_{M_1}^I)' + (v_{M_1}^F)']} = Q^F + [(MC_{M_1}^I)' + (v_{M_1}^F)' - MC_{M_1}^I - v_{M_1}^F] \cdot \frac{\mathrm{d}Q^F}{\mathrm{d}[(MC_{M_1}^I)' + (v_{M_1}^F)']} = 0$$

当 $\pi'_{M_1} > \pi_{M_1}$，即 $[(MC_{M_2}^I)' + (v_N^F)' - MC_{M_1}^I - v_{M_1}^F] \cdot Q^F - (MC_{M_2}^I - MC_{M_1}^I) \cdot Q^I > 0$，此时中游制造企业 M_1 将进入下游最终产品市场，下式成立：

$$\frac{Q^F}{Q^I} > \frac{(MC_{M_2}^I - MC_{M_1}^I)}{[(MC_{M_2}^I)' + (v_N^F)' - MC_{M_1}^I - v_{M_1}^F]}$$

为便于分析，记 $(MC_{M_2}^I)' = MC_{M_2}^I + \alpha (\alpha > 0)$，$(v_{M_1}^F)' = v_{M_1}^F + \beta (\beta > 0)$，则有：

$$\frac{Q^F}{Q^I} > \frac{1}{\left[1 + \dfrac{\alpha + \beta}{(MC_{M_2}^I - MC_{M_1}^I)}\right]} \qquad (5-10)$$

将该不等式右式的分母记为 η，由于 $MC_{M_2}^I - MC_{M_1}^I > 0$，可以发现，$MC_{M_2}^I - MC_{M_1}^I$ 的值越大，则 η 值越小，（5-10）式越容易成立，这说明 M_1 的成本优势越明显，M_1 越有可能自建渠道与品牌，进入最终产品市场。同时，如果 $\alpha + \beta$ 的值越大，η 值越小，（5-10）式越容易成立，这说明如果 M_1 从中游制造向下游渠道和品牌价值环节升级后，M_2 的价格加成能力提高。再则，M_1进入下游带给N的冲击越大，则M_1越有动力进入下游自建渠道。最后，Q^F越大即最终产品的市场容量越大，则M_1也越有可能进入下游自建渠道。

本节研究证明，发展中国家的中游供应商即使具备了一定的研发能力，如果完全不掌握产品流通渠道，仍有可能受到下游跨国公司的纵向压榨而缺乏市场势力，而通过渠道的垂直整合，向下游分工环节拓展，有助于企业市场势力的提升。因此，渠道整合对于发展中国家的制造企业在价值链纵向维度形成市场势力，具有十分特殊的意义。

5.5 纵向维度基于创新形成企业市场势力

全球价值链中的主导性跨国公司通过对关键价值环节的垂直预占，在国际分工利益的分配中占据了绝对优势。张幼文（2005）指出，跨国公司之所以能够形成如此强势的市场地位，是由于垄断了决定国际分工格局的人力资本、知识、技术、社会资本等稀缺要素[1]。对发展中国家而言，这些稀缺要素并不是一朝一夕就能形成的，需要长期的经济社会发展的积累。发展中国家要在短期内改变资源禀赋的条件，似乎缺乏现实和理论基础。

然而，这并不意味着发展中国家的企业必定深陷于分工金字塔的底端，完全无法拥有市场势力。前面分析说明：在跨国公司实施上下游垂直预占的情况下，发展中国家的中游制造企业应向价值链上游拓展以提升创新能力，在研发能力达到一定阈值时，可以具备相对于上游垄断卖家的议价能力，迫使上游降低对关键性产品的供应价格；然而，即使具备一定的研发能力，如果不掌握价值链下游的市场渠道，发展中国家的中游制造企业仍可能受到下游垄断买家的纵向压榨。因此，向价值链下游的分工环节拓展——进行"渠道整合"，应成为中游制造企业培育纵向维度市场势力的突破口。

纵向维度企业市场势力的培育，在强调向上游研发环节拓展，提升自主创新能力的同时，切不可忽视对下游关键价值环节的反垂直预占。下游的渠道、品牌等价值环节已成为价值链中利润和权力的最密集区域，是实现创新价值的重要载体。向下游价值环节延伸，能够极大地促进上游研发

---

[1] 张幼文. 从廉价劳动力优势到稀缺要素优势[J]. 南开学报，2005，6：1~8。

环节的创新活动，提高研发的效率。另一方面，在价值链上游企业创新能力的提升，对于在下游获取渠道权力并扩大品牌影响力尤为重要，保证了下游创新价值的实现。图5-4描述了在纵向维度企业基于创新形成市场势力的路径，上游创新能力提升与下游创新价值实现应形成"正反馈"，这是企业在全球价值链纵向维度拥有市场势力的关键[①]。

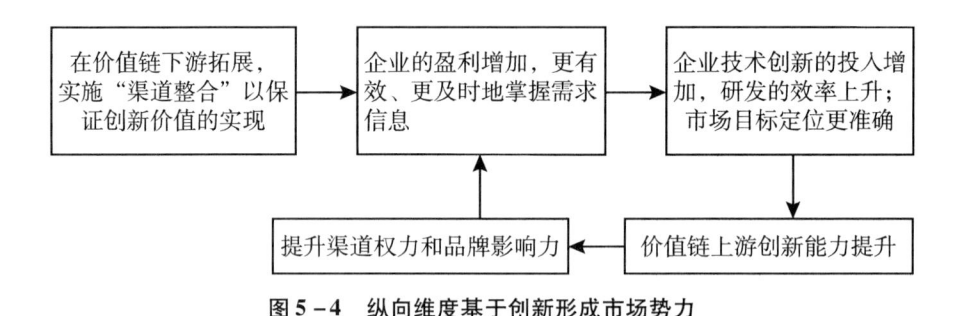

图5-4 纵向维度基于创新形成市场势力

5.5.1 渠道整合：下游创新价值实现反促上游创新能力提升

20世纪90年代以来，全球价值链的形态已发生了显著变化。与20世纪60、70年代相比，加工、组装和制造等中游环节实现的附加值比重不断下降，分工利益向全球价值链上游及下游环节转移的趋势日益明显，价值链各参与方的利益分配不平衡程度继续加深。引人注意的是，下游的渠道和品牌环节的附加价值率不断提高，甚至在很大程度上超过了上游的研发环节。图5-5显示，20世纪90年代以来，微笑曲线下游端上翘的程度显著大于上游端（吴敬琏，2006）。

下游环节成为价值链中利润与权力最密集的区域，原因主要有两点：一是在当今的产业分工格局中，制造业和流通业的力量对比发生了逆转。在工业化早期，流通业依赖于制造业；而到工业化后期卖方向买方市场转变，制造业对流通业的依赖性大大增强，流通业上升到主导地位[②]。二是

---

① 参考：张小蒂，朱勤. 论全球价值链中我国企业创新与市场势力构建的良性互动 [J]. 中国工业经济，2007.5：30~38。

② 晏维龙. 生产商主导还是流通商主导——关于流通渠道控制的产业组织分析 [J]. 财贸经济，2004，5：11~17。

利润从制造向销售环节转移。产品的异质性及体验价值是决定价值实现的重要因素,而无论是异质性还是体验价值的创造,都离不开下游的价值增值环节[①]。

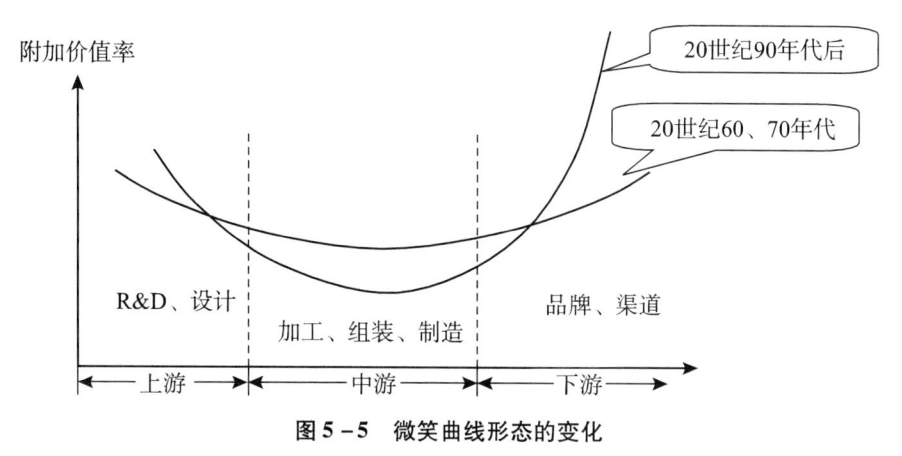

图 5-5 微笑曲线形态的变化

资料来源:吴敬链. 思考与回应:中国工业化道路的抉择 [J]. 学术月刊, 2006, 1: 58~61。

发展中国家的制造企业要改变国际竞争中不利的分工地位,不应只强调向上游研发能力的关联环节拓展,还需重视向下游创新价值实现的关联环节延伸。以渠道整合为突破,提高渠道权力,才能真正实现纵向维度市场势力与创新的良性互动。具体而言,渠道整合对创新能力提升的作用体现为以下两个方面:

第一,渠道垂直整合将缩短企业与国际市场的距离,帮助企业迅速掌握海外市场需求信息,从而能够及时修正研发设计的技术参数,使研发设计吻合于市场需求的变化。渠道整合有利于提高研发效率,降低研发的市场风险,这是实现从生产到销售"惊险一跳"[②]的关键。例如,海尔集团在进入美国市场不久,就成立了以渠道建设为核心的纽约贸易中心,该中心的成立使海尔研发中心能够迅速而准确地把握美国市场需求,从而开发出"电脑冰箱"、"迈克冷柜"及"自由式酒柜"等产品。海尔以渠道建设先行成功拓展国际市场的案例,验证了下游创新价值实现对上游创新能

---

① 李海舰,原磊. 基于价值链层面的利润转移研究 [J]. 中国工业经济, 2005, 6: 81~89。
② 马克思. 资本论 [M]. 人民出版社, 1975, 第1卷, 124。

力提升的推动作用。

第二，海外渠道整合如能顺利展开，将使企业在国际市场中的产品销量上升，从而通过规模经济效应促进企业创新成果的市场实现。同时，因为创新成果应用的边际成本接近于零，在研发成果实现市场化后，市场渠道的进一步拓宽有助于分摊上游研发环节的总体费用，并能够为上游研发的持续投入提供资金支持，进而使企业创新再投入的动力和能力均得到提高。

5.5.2 上游创新能力提升保证下游创新价值实现

在技术更新日新月异的电子信息业，创新能力是企业生存和发展的基础。如果没有研发实力的支撑，企业即使依靠个别产品建立了完善的营销渠道，也很难适应市场的长期激烈竞争。以我国国产手机业为例，2005年，国产手机业由于缺乏自主创新能力与核心技术，产品更新速度慢、产品质量不稳定等矛盾凸显，发展陷入困境。与此同时，诺基亚、摩托罗拉等跨国公司不断推出经济型手机产品，与国产手机抢占低端市场。在此冲击之下，2006年国产手机全行业出现了亏损，许多企业不得不退出市场[1]。由此可见，上游创新能力提升是电子信息企业市场势力形成的重要基石，对于在价值链下游的创新价值实现将产生重要影响：

第一，创新能力的提高是企业在价值链下游获取渠道权力的重要支撑。渠道权力包括奖励权力（Reward Power）、强迫权力（Coercive Power）、法定权力（Legitimate Power）、认同权力（Referent Power）、专家权力（Expert Power）[2]和信息权力（Information Power）[3]。企业研发能力的提高，一是有助于企业开发出具有竞争力的产品，增强市场认同度，从而提高渠道中的"认同权力"。二是有助于企业技术优势的形成和品牌价值的提升，从而通过对商品供应的控制体现渠道中的"奖励权力"和"强迫权力"。同时能在与价值链上下游企业订立契约时，获得更多的"法定

---

[1] 参见 [EB/OL] http://www.sino-mr.com/。

[2] French J., Raven B. H. The base of social power [A]. Cartwright, D. Studies of social power. Ann Arbor [C]. MI: Institute for Social Research. 1959.

[3] Raven, B. H., Kruglanski, A. W. Conflict and Power [A]. Swingle, P. The Structure of Conflict [C]. New York: Academic Press, 1970.

权力"。三是有助于企业知识及信息资产的积累,强大的研发人员队伍能有效提升企业的"专家权力"和"信息权力"。

第二,企业创新能力的提升,能有效增强电子信息企业的品牌资产。品牌资产可以被定义为"品牌作为信号对于消费者的价值",消费者对于企业的信任是影响品牌资产高低的关键因素(Erdem and Swait, 1998)。企业具有较高的研发水平和创新能力,可以揭示出企业的信息,增强企业的品牌资产;并通过对消费者消费习惯的培养,产生消费者"锁定"效应,进而增强企业的市场势力。根据英国贸工部"2006全球研发排行榜"和美国《商业周刊》品牌价值排行情况(见表5-3)的信息,表5-4对典型电子信息类跨国公司研发投入排名与品牌价值排名进行了对比。从中可以发现,研发投入高的电子信息类跨国公司往往同时拥有较高的品牌价值,这在一定程度上说明了占据上游价值环节,拥有创新能力对于实现品牌价值增值的重要性。综上所述,企业通过上游的创新活动,实现渠道权力的提升和品牌价值的增强,有效地保证了下游创新价值的实现,为纵向维度市场势力的培育奠定了坚实的基础。

表5-4 部分电子信息类跨国公司全球研发投入排名与品牌价值排名

公司	研发投入排名（2005）	品牌价值排名（2006）	公司	研发投入排名（2005）	品牌价值排名（2006）
微软	5	2	索尼	18	26
西门子	8	44	摩托罗拉	22	69
三星	9	20	惠普	24	13
IBM	11	3	GE	27	4
英特尔	12	5	思科	30	18
松下	15	77	菲利浦	35	48
诺基亚	17	6	佳能	42	35

资料来源:DTI. The R&D Scoreboard 2007 [EB/OL]. http://www.dti.gov.uk。
(美)商业周刊. the Wolrd Top Brands 2007 [EB/OL]. http://www.businessweek.com/。

5.6 小结

垂直专业化分工是当今全球电子信息业国际分工的主要特征,基于这一特征,本章从纵向及横向两个维度切入,分析了基于创新的企业市场势力形成机制。纵向维度的市场势力体现为处于特定价值环节的企业对其上下游环节厂商施加影响的能力及交易时的议价能力；横向维度的市场势力表现为企业与处于同一价值环节的厂商开展同业竞争时，对自身产品价格的控制力及对同业竞争对手的影响力。

在纵向维度上，跨国公司依靠对全球价值链中关键性价值环节的垂直预占，形成了相对于其他环节企业的强势议价能力，挤占并夺取了主要的分工利益，并限制其他环节企业在价值链上的价值攀升。具体而言，在价值链上游，跨国公司对研发资源、专利与标准等实施垂直预占，构筑"专利联盟"及"标准壁垒"；在价值链下游，跨国公司对渠道、品牌等实施垂直预占，营建"市场隔层"并阻碍潜在进入者形成"品牌资产"，从而将发展中国家的制造企业锁定于全球价值链的低端环节。发展中国家的制造企业应向全球价值链的上下游两端拓展，通过反垂直预占来扭转这种不利的局面。分析表明：提升创新能力是中游企业改善分工地位的重要途径，在创新能力达到一定阈值后，中游制造企业能够增强议价能力；然而，即使拥有一定研发能力，如果渠道受制于人，中游制造企业仍会受到下游跨国公司的纵向压榨。因此，应以渠道整合为突破，依靠下游创新价值的实现反促上游创新能力的提升；同时，通过上游创新能力的提升，以保证下游创新价值的实现。这样才能有效地实现纵向维度市场势力与创新的良性互动，提升发展中国家的企业在国际竞争中的分工利益。

第6章 基于创新的企业市场势力形成：横向维度

电子信息业全球价值链中，中游制造环节的进入壁垒低且竞争同质性强，故竞争激烈程度极高。这种同一价值环节内的过度竞争，不仅造成企业在价值链横向维度缺乏市场势力，也使企业在上下游价值环节间的博弈中，处于十分被动的地位。因此，在全球价值链的横向维度培育市场势力，对于企业扭转不利的国际分工地位并增进国际分工利益至关重要。本章深入解构了横向维度企业市场势力形成的三类机制，进而研究了基于创新的纵向及横向维度市场势力培育的耦合互动关系。

6.1 分析框架

从横向维度看，在全球价值链的同一价值环节中，为获取在该环节的分工机会和分工利益，各企业间展开了激烈的同业竞争。"整合全球经济要素"的创新是企业在横向维度形成市场势力的基础，根据创新类型的差异，本书归纳出三类横向维度的企业市场势力形成机制，分别为：成本领先机制、差异化机制和网络化机制（见表6-1）。

表6-1　　横向维度的企业市场势力形成机制

特征＼类型	成本领先机制	差异化机制	网络化机制
创新类型	过程创新	产品创新 市场创新	组织创新
竞争行为	价格竞争 成本领先	差异化竞争 锁定非对称需求	系统竞争 整合外部组织资源

续表

特征 \ 类型	成本领先机制	差异化机制	网络化机制
市场势力获取途径	成本壁垒 规模壁垒 市场份额扩张	创造市场"小生境" 降低需求弹性 降低竞争强度 差异化壁垒	协同效应 社会资本
价格控制手段	领先于竞争者的低价格	价格加成	价格加成
经济租来源	规模经济 速度经济	市场不完全	网络租金

成本领先机制，是指企业开展过程创新，形成竞争对手难以超越的成本领先；在高效率的经营模式中实现动态的规模经济、获得市场份额的扩张；以高效率的运作流程实现速度经济并提高周转率，从而在价格竞争中占据主动。通过构筑成本壁垒和规模壁垒以获取市场势力。

差异化机制，是指企业通过产品创新与市场创新，创造并锁定市场的非对称需求，以差异化竞争寻找并定位于市场的"小生境"。通过构筑差异化壁垒、降低竞争的激烈程度及产品的需求弹性，从而获取"小生境"中的市场势力，并实现"小生境"中创新与市场势力的互动，进一步扩张市场势力。

网络化机制，是指企业通过整合外部组织资源实现组织创新，构建网络组织从而形成优势市场地位。网络组织是企业能力边界得以延伸的载体，通过分享网络组织的效率——发挥协同效应并增进社会资本，企业可极大地扩展对市场的控制力。

6.2 过程创新、成本领先与市场势力

6.2.1 问题的提出：价格竞争与市场势力的矛盾与关联

观察全球电子信息业中的动态竞争行为，将发现价格竞争与企业市场势力之间存在着令人困惑的双重关系。在此可列举电子信息业中两类不同

的价格竞争现象：

现象之一，在个人电脑产品的普及化时代，行业中发动价格竞争的往往是一些实力超群、拥有巨大竞争优势的跨国公司，其中最为典型的就是美国戴尔公司。戴尔公司是多年来在个人电脑行业中连续保持高速增长的厂商[①]，其竞争策略始终是将产品价格降到业界最低，而戴尔公司维持价格竞争能力的关键在于对全球资源强大而高效的整合能力。依靠高效的专业物流体系，戴尔公司保证了低成本的配件供应；凭借个性化直销模式，戴尔公司能快速响应客户需求并有效降低库存。独特的资源整合能力使戴尔公司以行业内最低价格不断扩大市场份额，提高盈利能力。正如 Kumar 和 Nirmalya（2006）在《哈佛商业评论》中指出，20 世纪 90 年代以来，全球消费品市场中涌现出一批凭借低成本运营、低价竞争策略成为行业主导的跨国公司；在 2006 年福布斯财富榜的前 25 位富翁中，有 12 位是通过低成本、低价格的商业模式获得成功的[②]。依靠价格竞争迅速提高市场份额的全球性企业，除提及的电脑行业的戴尔公司以外，还有诸如零售业的美国沃尔玛、瑞典宜家、德国 ALDI，航空业的美国西南航空，汽车制造业的日本丰田等知名跨国公司。这些公司在单位产品方面的收入虽然少于传统竞争者，但其财富增长速度并不低于那些实施高价策略的竞争对手。

现象之二，我国平板电视行业正处于持续增长阶段并即将进入普及化消费时代[③]，在日益扩大的市场中，厂商间价格竞争越来越趋于白热化。以 32 英寸液晶电视为例，2005 年该产品的市场平均售价为 11300 元，到 2007 年其平均售价已下滑至不到 6000 元，两年内价格下降近一半，同时，液晶电视整机的成本构成中，上游面板产品的成本比重高达 70%，而目前面板产品主要进口自日本、韩国、中国台湾等地，价格居高难下，

---

① 2004~2006 年，戴尔的营业收入分别为 414.4 亿、492.9 亿及 559.1 亿美元，占全球市场的份额则分别是 16.7%、17.8% 及 18.2%；其每股收益也持续攀升，分别达到 1.01、1.18 及 1.46 美元。资料源自戴尔公司网站 [EB/OL] http://www.dell.com。

② Kumar, Nirmalya. Strategies to Fight Low-cost Rivals [J]. Harvard Business Review, 2006, 84 (12): 104-112.

③ 国务院发展研究中心市场经济研究所家电课题组发表的《2007 年第二季度中国平板电视机城市消费者需求状况调研报告》指出：平板电视 LCD 取代显像管电视 CRT 已成必然趋势。自 2004 年以来，在经历了启动期、快速增长期、持续稳速增长期之后，中国平板电视机市场即将步入"普及消费期"。

故国内厂商既面对激烈的价格搏杀，又被迫支付高昂的中间品进口成本，利润空间十分有限。如2006年9月，国内平板彩电生产企业的32英寸、37英寸、40英寸和42英寸产品均出现亏损，仅20~32英寸有微小的利润；而率先大规模介入平板电视市场的厦华公司在2006年亏损总额高达5.23亿元[①]。

以上两类现象似乎折射出完全相反的经济事实。前者说明，在当前国际竞争格局中，跨国公司依靠低价格的产品和服务也能够占据行业的全球主导地位，并获取丰厚的利润，这打破了"企业市场势力必然与垄断高价相联系"的传统思维。后者却反映出，激烈的价格竞争将许多中国本土企业推入严重缺乏市场势力的泥沼，使其长期挣扎在亏损边缘。价格竞争对企业市场势力究竟存在怎样的影响？是帮助企业（如戴尔、优派等公司）获得了市场优势地位？还是使企业的赢利能力遭受严重侵蚀？本节分析的正是价格竞争与市场势力的相互关系，以及在价格竞争不可避免的行业竞争背景下，企业将如何通过创新形成自身的市场势力。

6.2.2 成本领先与市场势力的形成

众所周知，电子信息产品尤其是消费电子类产品（如数码相机、个人电脑、液晶电视等），普遍存在着规模经济明显、产品更新换代迅速、价格需求弹性大等特点。因此，在市场上伴随着新产品的层出不穷，老产品的竞争往往以价格竞争形式为主。根据产品生命周期理论，电子信息产品的价格竞争一般经历了这样的过程：在新产品上市之初，创新者拥有特殊的市场地位，可以对新产品的价格维持一段时期的控制力并获取超额利润。随着技术扩散、技术模仿的发生，产品逐渐进入成熟阶段，面对现实或潜在的竞争对手，市场中的领先者将率先采取降价措施以迅速实现规模经济，即通过"扩大规模—降低成本—降低价格—再扩大规模"的市场扩张方式，增加总体赢利水平。随着产品进入普及消费阶段，各厂商的产品在技术上的差异化日渐缩小，价格成为市场中潜在消费者选择产品的主要考虑因素，故厂商间的价格竞争在所难免。而一旦老产品进入衰退期，具有独特性能、功能或款式的新产品逐步上市并开始占据市场主流地位，

---

① 赛诺市场研究公司［EB/OL］http://www.sino-review.com/。

厂商更会选择激进的降价手段，迅速出清老产品以尽可能减少存货积压的损失，这将使老产品市场的价格竞争更趋激烈。

全球电子信息业的产业特点和性质在很大程度上决定了价格竞争是厂商重要的竞争手段。主导厂商往往通过降低边际成本以控制行业的价格竞争格局，如图6-1所示，主导厂商原有边际收益曲线和边际成本曲线分别为 MR_1 和 MC_1，在产品逐渐进入成熟阶段后，通过实现规模经济，主导厂商的边际成本曲线将向下移动至 MC_2，均衡点就从 E 移动到 F。由于边际收益曲线 MR_1 斜率为负，主导厂商就拥有了将出清价格维持在更低水平的能力[1]。故市场中的主导厂商实施降价往往出于主动选择，基于成本降低的价格竞争不仅未使其丧失市场优势，反而有利于保证市场势力的实现与维持。

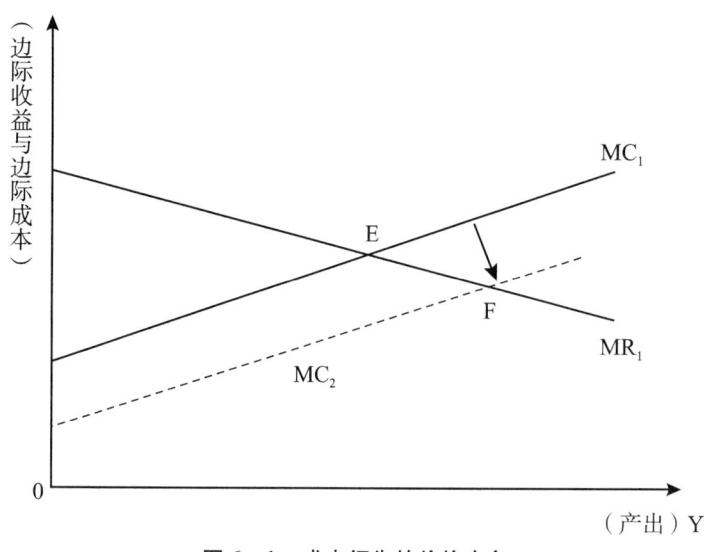

图6-1 成本领先的价格竞争

应用鲍利线形反需求函数[2]，进而假设产品无差异，即可分析说明成本优势是厂商在价格竞争中维持强势的关键。假设市场中有 n 家厂商，厂商 I 生产产品 i，市场中共有 n 种产品。以 ϕ（$0 \leq \phi \leq 1$）衡量产品间的差

---

[1] 鲍莫尔[美]. 资本主义的增长奇迹——自由市场创新机器[M]. 中信出版社，2004：164。

[2] 斯蒂芬·马丁. 高级产业经济学[M]. 史东辉等译，上海财经大学出版社，2003：54。

异程度，则（1-φ）可表示产品间的替代程度。φ越大表示产品间差异程度越大，替代性越弱；反之亦然。极端情况是，当φ=1时，产品间替代性为零；当φ=0时，产品完全无差异。厂商 I 的产量和产品价格分别为 Q_i、P_i，以 TQ_j 表示除产品 i 之外其他产品的总产量，即 $TQ_j = \sum_{j \neq i}^{n} Q_j$，$i \neq j$；则可得厂商 I 的鲍利线形反需求函数：

$$P_i = \alpha - \beta[Q_i + (1-\phi)TQ_j], \ i, j = 1, \cdots, n, \ i \neq j, \ \alpha > 0, \ \beta > 0$$

(6-1)

假设产品无差异，即（6-1）式中φ=0，并且为便于讨论，可将问题简化为只考查 n=2 时的情形，厂商 1 与 2 的反需求函数分别为：

$$P_1 = \alpha - \beta(Q_1 + Q_2)$$
$$P_2 = \alpha - \beta(Q_1 + Q_2)$$

(6-2)

假设厂商 1 与 2 的平均成本（此处等于边际成本）分别为 C_1 和 C_2，由（6-1）式可知 $C_1 < \alpha$ 且 $C_2 < \alpha$，于是得厂商 1 与 2 的利润函数：

$$W_1 = (P_1 - C_1) \cdot Q_1 = [\alpha - \beta(Q_1 + Q_2) - C_1] \cdot Q_1$$
$$W_2 = (P_2 - C_2) \cdot Q_2 = [\alpha - \beta(Q_2 + Q_1) - C_2] \cdot Q_2$$

(6-3)

根据利润最大化假设，可得厂商 1 与 2 的最优产量反应函数：

$$Q_1 = -\frac{Q_2}{2} + \frac{\alpha - C_1}{2\beta}$$
$$Q_2 = -\frac{Q_1}{2} + \frac{\alpha - C_2}{2\beta}$$

(6-4)

需要说明的是，在价格竞争中即使产品无差异（φ=0），只要其中一厂商能在成本上领先于竞争对手，就可形成自身的市场势力。假设厂商 1 的成本低于厂商 2，即 $C_1 < C_2$，此时拥有成本优势的厂商 1 就将在价格竞争中拥有主动权，该厂商可将产品价格设定为 $P = P_1 = C_2 - \eta$，η 可很小。厂商 1 的产量和利润分别为：$Q_1 = \frac{\alpha + \eta - C_2}{\beta}$，$W_1 = (C_2 - C_1 - \eta) \cdot \frac{\alpha + \eta - C_2}{\beta}$，$(C_2 - C_1)$ 之差越大说明成本优势越明显，则厂商 1 的利润越大。极端的情况是，厂商 2 会因亏损而不得不退出市场，厂商 1 由于成本领先而拥有完全的市场势力。

但在产品无差异的同时（φ=0），若竞争者之间也不存在成本差异（$C_1 = C_2 = C$），那么价格竞争是完全"同质"的，实质上将演变成恶性的价格战（Price War）。价格战作为一种典型的损耗战（Wars of Attrition）一直受到学者的否定。如 Bhattacharya（1996）分析到：就短期来看，价格战导致企业的利润严重萎缩，进而抑制企业的创新能力；就长期来看，价格战令企业形象受到损害，削弱了企业整体的市场价值，甚至将导致企业破产[①]。Schunk（1999）指出价格战的不可持续性，并论述了价格战将造成很大的破坏效应，会带来市场死亡（Market-death）[②]。结合（6-3）式及（6-4）式可知，价格战后 $P_1 = P_2 = C$，$Q_1 = Q_2 = \dfrac{\alpha - C}{2\beta}$，$W_1 = W_2 = 0$。这恰恰反映了"同质性"的价格战削弱了厂商对价格的控制能力，对厂商市场势力的形成具有强烈的侵蚀作用。

现实中，我国企业在全球价值链中国际市场势力的缺失，很大程度上是由于同一价值环节中，企业"同质性"的价格战激化并向国际市场延伸所致。价值环节的进入壁垒越低，环节内的竞争者越有可能陷入恶性的、低级化的价格战。在某些成熟而缺乏差异化的电子信息产品市场上，一旦成本领先的厂商开始选择降价策略，大量前期依靠技术模仿进入市场的我国本土企业，将无奈地陷入"囚徒困境"，纷纷采取降价措施，从而使"重复斗鸡博弈"的内耗性竞争愈演愈烈。

在难以进行技术超越的情况下，企业要突破"同质性"的价格战竞争，形成并维护市场势力，关键在于通过全球资源整合实现领先于竞争对手的成本优势。从某种意义上来说，成本领先也是一种"差异化"，这种差异化更多地体现在经营效率的差异上——即能否通过创新形成高效率的经营模式，从而实现动态的规模经济、获得市场份额的扩张；以及能否在高效率的流程中实现速度经济，降低成本与风险。

从价格控制的角度理解，市场势力即"持续地将价格维持在边际成本之上的能力"（Utton，1995）。在动态的价格竞争中，厂商若能使边际成本降低幅度大于价格降低幅度，就可以在降低价格的同时仍然拥有市场势力，并获取可观的总利润。

在产业演进到以价格竞争方式为主的普及消费阶段，保持成本领先对于厂商获取有利的市场地位尤其关键：其一，保持成本领先使厂商构

---

① Bhattacharya, R. Bankruptcy and Price Wars [J]. Working Paper, University of Melbourne., 1996.
② Schunk, H. The Evolution of Competitive Interaction [J]. Working Paper, University of Mainz. 1999.

筑起成本壁垒与规模壁垒。基于激烈的价格竞争的震慑,潜在的市场进入者由于无法达到规模经济,难以实现低成本运营,因此要进入市场面临了较大的困难。其二,保持成本领先有助于厂商在价格竞争中淘汰低效率的市场竞争者,从而强化了市场集中。为了获取更大的市场势力,具备成本领先优势的主导厂商往往主动发起价格竞争,以扩张市场份额及扩大品牌影响力;与之相对,那些经营效率低下,成本居高难下的竞争者将在竞争中被市场淘汰。这种策略应用于新兴的、成长中的市场尤其见效,成本领先的企业通过率先降低产品价格,往往更容易"优先"占据有利的市场地位,培养稳固增长的消费群体,从而形成强大的市场势力。

图6-2描述了通过成本领先获取并维持市场势力的机制。其中,以过程创新实现规模经济和速度经济是保持成本领先优势的关键,这将在下面详尽论述。

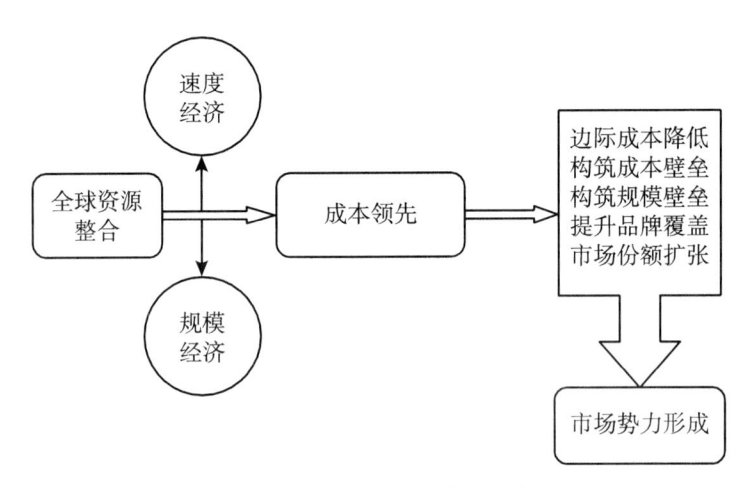

图6-2 市场势力形成的成本领先机制

6.2.3 过程创新与成本领先的实现

在Klepper(1996)的研究中,有关市场集中与创新关系的模型对于我们的分析颇具启发性(见图6-3)。该模型描述了在产业生命周期的演进中,随着技术模仿和产品标准化,市场中的厂商数会逐渐增多;但在技术趋于成熟,产品进入大规模普及消费阶段后,激烈的价格竞争会淘汰相当数量的低效率厂商,故市场中的厂商数又将不断降低。该模型着重指出,伴随着市场集中度的不断提高,过程创新(Process Innovation)将取代产品创新(Product Innovation),成为厂商创新的主流形式。

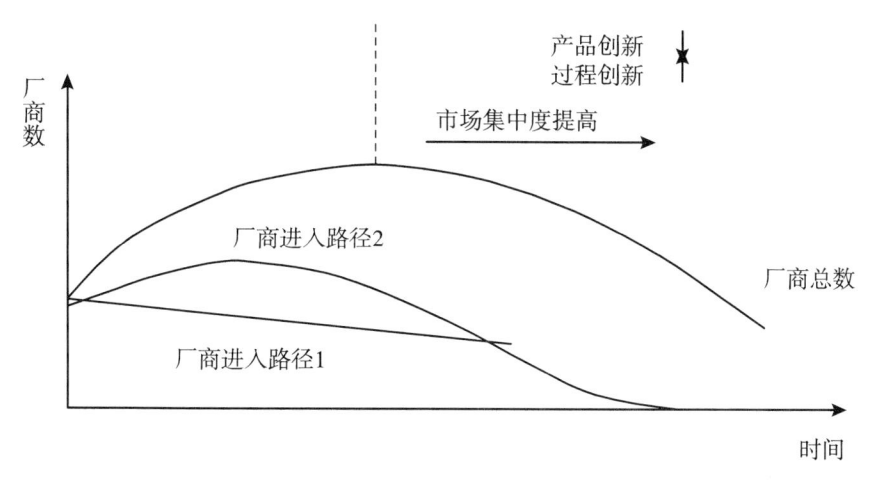

图6-3 产业演进中的市场集中与创新

资料来源:Steven Klepper. Entry, Exit, Growth, and Innovation over the Product Life Cycle, The American Economic Review, 1996, 86 (3): 562-583。

过程创新是指能推动厂商的成本曲线向下移动的创新,包括了诸如在工艺流程、物流技术、管理模式等各领域的创新,其主要作用是降低生产成本、提高产品质量(Baumol,2004)。在产业演进的初期阶段,从事产品创新的企业形成了自身的市场势力并获取了超额利润。随着时间的推移及技术日趋成熟,产业中可进行的产品创新越来越少,而掌握产品生产能力的企业逐渐增多。此时,过程创新将成为主要的创新手段,那些能够依靠过程创新大幅降低成本的企业才能将竞争对手淘汰出局,从而在激烈的价格竞争中立于不败之地,即在集中度不断提高的市场中,维持并强化自身的市场势力。

在当今的国际竞争中,跨国公司主要通过其强大的"要素整合能力"进行过程创新,具体可体现为:在全球范围内寻求最有效率的中间品供应;改造各项经营活动,节省经营流程中不必要的步骤和时间;采用精益生产、敏捷制造等为基础的柔性生产方式;通过与上游供应商和下游渠道商的联盟与协调,强化分工体系的运转效率,提高资金周转率,降低运营成本，等等。

以过程创新发挥规模经济与速度经济效应，是实现成本领先的关键。根据产生原因的差异，规模经济又可被区分为生产技术规模经济和管理水平规模经济两类（张晖明等，2002），目前人们往往容易片面强调技术规模经济，而不注重过程创新所带来的管理水平规模经济，忽视提升管理水平对于降低企业运营成本及实现规模经济的重要性。实际上，如果缺乏有效的组织支持，管理规模的边界就会束缚组织规模的边界，即企业的组织资本积累并不充裕，而生产规模却超前发展时，是无法产生真正的规模经济的。故企业不应一味加强技术层面的产品创新，还需致力于开展过程创新，以有效扩展管理规模的边界。

另一方面，由于市场竞争中的各种不确定性日益增强，市场机会稍纵即逝，仅仅依靠规模经济已远远不够，企业必须能对瞬息万变的市场需求和机遇做出快速反应，才能在激烈的竞争环境中生存和发展。"速度经济"概念的提出，正是将"时间"视为与资本、技术一样具有价值的资源[①]，认识到时间上的先占性有助于企业获取超额利润和市场优势地位。实现速度经济，即企业加快对市场环境和消费者需求的反映速度，是企业削减成本并增加收入的重要途径。速度经济在市场的动态竞争中日益重要，使得企业的创新重点转变到从事以提高经营效率为目标的过程创新上，而只有通过过程创新，才能使速度经济体现在企业经营活动的研发、设计、销售及服务各环节中。

对应6.2.1提出的问题，可以发现，戴尔等跨国公司正是以过程创新实现了规模经济与速度经济，保持了全球行业中的成本领先地位，并以此率先实施主动进攻的价格策略，从而形成了强大的市场势力；而中国的平板彩电厂商，在核心技术受制于人的情况下，无法有效从事过程创新，最终陷于"囚徒困境"的惨烈价格搏杀，从而完全丧失了市场势力。

---

① 钱德勒最早提出"速度经济"，其原意指迅速地满足客户需求、追求从生产到流通的速度能带来经济性。参见小艾尔弗雷德·钱德勒. 看得见的手[M]. 北京：商务印书馆，1987：272，324。

6.3 产品与市场创新、差异化与市场势力

6.3.1 差异化、非对称需求与市场势力

1. 差异化与非对称需求的创造

差异化竞争是企业创造和满足非对称需求的必要前提。若市场中消费者偏好的异质性可用多维度的产品属性及品质组合来描述①，那么企业以特定的消费者选择为导向，在产品的特征空间内创新地变化产品的特征组合（Specification），并将其提供给特定的消费者，这种产品创新正是差异化竞争的基础。

在进行产品创新的过程中，企业可提供市场中不存在的产品属性与品质的"新组合"，这些新组合被契合偏好的特定消费者接受后，企业即创造并锁定了非对称的市场需求，从而实现了"产品创新"与"市场创新"的统一。

举例而言，在面向企业或专业用户的彩色激光打印机市场中，厂商的竞争重点并不只是价格。由图 6-4 可反映出，由于各厂商的产品在技术、属性和品质方面互相区别，不同品牌的价格存在很大差异。富士施乐提供的面向专业用户的彩色激光打印机均价为 26542 元；而定位于普通家庭用户的佳能彩色打印机均价仅需 2993 元。彩色激光打印机市场显现出的竞争异质性并不是特例，许多电子信息产品（如数码产品）等都存在明显的差异化特征。

2. 差异化与市场势力形成

通过差异化的竞争创造并锁定非对称的需求，是企业在特定市场中形成控制力和主导地位的重要手段。传统的新古典分析忽视了企业在形成市

---

① 关于"产品是属性的组合"这一观点，可参见 Anderson, S. P., Palma, A. de. & Thisse, J.-F. Discrete Choice Theory of Product Differentiation [M]. Cambridge：MIT Press，1992。

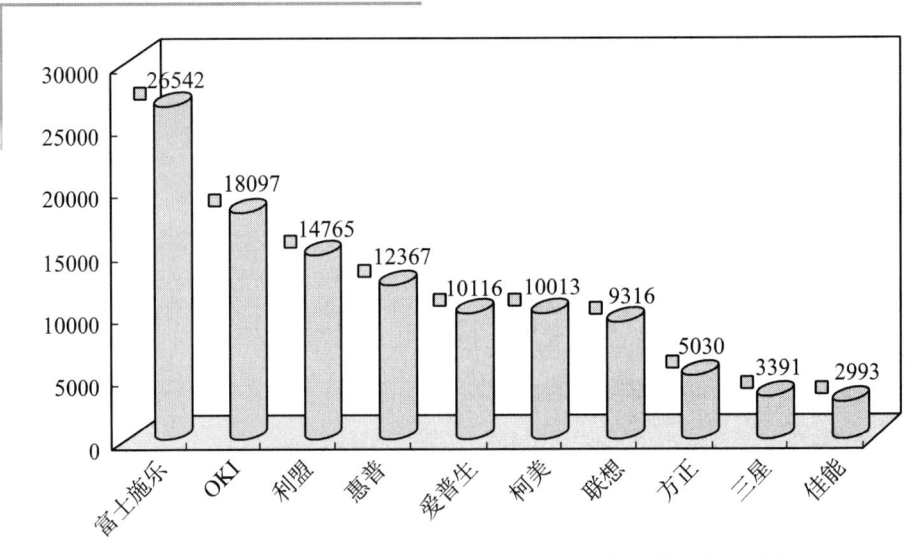

图 6-4　2006 年 7 月国内 10 大彩色激光打印机品牌均价比较（单位：元）

资料来源：国务院发展研究中心信息网、中国经济信息网、赛迪数据在线、ZOL 调研中心、融天咨讯，转引自：中国产业地图编委会．中国 IT 产业地图 2006～2007 [M]．社会科学文献出版社．2006：89。

场势力的过程中可主动影响和创造需求的情况，由于假定市场需求是外生的，故将市场势力仅理解为企业对价格实施影响的程度（Bannock 等，1992）。这种分析必然无法认识到差异化需求与企业市场势力之间的内在联系，事实上，企业对自身产品价格的控制力与"企业主动影响市场需求"密切相关。企业通过产品和市场创新而展开差异化竞争，可将自身产品从同类产品中区分出来，"创造"并满足了非对称的市场需求，从而使企业在特定市场中拥有更大的价格加成能力。正如 Young（2000）指出，"创造"出产品非对称需求的能力正是企业市场势力的实质。

开展差异化竞争对于企业形成市场势力具有双重效应：一方面，产品差异化降低了企业在市场中竞争的激烈程度，令产品具有不完全的替代性；另一方面，差异化是行业形成进入壁垒的重要因素，它增加了潜在竞争者进入市场的难度。企业通过水平差异化有助于缓和同类产品市场上的价格竞争；通过垂直差异化则有利于企业与其他竞争对手争夺市场需求（植草益，2000）。目前，国外关于差异化的研究从广告产生的信息差异、策略性差异及网络外部性下的产品差异等多个方面展开，研究往往运用博弈论的理论建模并集中于单个因素的讨论。现有研究对于企业依靠差异化竞争形成市场势力的机理，很难给出系统而深入的分析。此外，现有理论研究与实践的结合并不紧密，缺乏有针对性的应用分析。

开展差异化竞争，通过产品创新与市场创新锁定非对称的市场需求，是企业市场势力形成的重要机制之一（见图6-5）。概括而言，企业以差异化竞争寻找并定位于市场的"小生境"，通过构筑差异化壁垒、降低竞争的激烈程度及产品的需求弹性，从而获取小生境中的市场势力，并实现小生境中创新与市场势力的互动，进一步扩张市场势力。对于这一企业市场势力的形成路径，下面将展开具体分析。

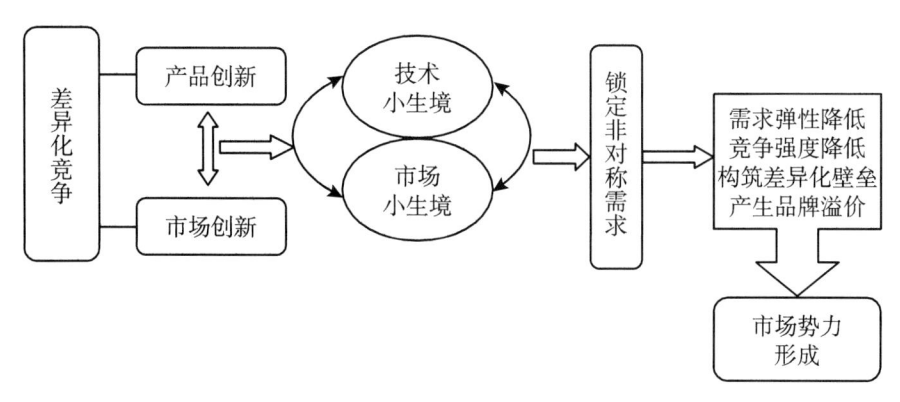

图6-5 市场势力形成的差异化机制

6.3.2 小生境中创新与市场势力的互动

1. 小生境的经济学内涵

"小生境"（Niche）思想是演化经济学中描述技术变迁的重要工具，正如演化经济学中其他重要概念一样，这一概念也来源于生物学[①]。20世纪90年代以来，Weber、Hoogma、Schot等演化经济学者在尼尔逊和温特模型的基础上发展了经济学中的"小生境"思想。

---

① 在生物学中，不同物种生存在各自特有的生态圈中，这些特定的生态圈被称为"小生境"。"小生境"使生物的竞争激烈程度降低，使生物可规避残酷的自然选择。对新物种而言，小生境的保护可使其在很弱小的时期免受强大物种的侵害（Christiansen and Fenchel，1977）。

经济学意义上的小生境有市场小生境（Niche Market）和技术小生境（Niche Technology）之分（Weber等，1998）。市场小生境是指在一些特定的细分市场中，消费者群体的特殊需求尚未被很好地满足（或潜在需求尚未被发现），这些细分市场又被主导企业所忽略，却为小企业和市场后来者提供了生存和发展的良好空间。技术小生境是指新兴的、未成熟的技术可受暂时保护并被反复试验和改进直至成熟的特殊领域，技术小生境为新技术提供了孵化器的作用。演化经济学家认为，市场小生境与技术小生境可能形成的"正反馈效应"，对于新技术的成长及演化至关重要（Weber等，1998）。由于新技术很难直面市场中成熟技术的强大竞争，因此需要在技术小生境中不断改良，并通过商业化逐步成熟。而商业化的关键，正是在异质性的市场中找到适宜的市场小生境，即寻求该技术产品的特定消费者，以保证新技术的应用和改良的商业环境。

2. 小生境中创新与市场势力的互动

小生境的实质是差异化[①]，为了创造和满足市场的非对称需求，企业首先需要通过产品创新和市场创新，寻求并"定位"小生境，途径有三个：其一，发现市场中部分潜在而未"显化"的需求，以全新的产品和服务"引领"并"创造"消费需求。其二，挖掘异质性市场中被忽略的需求。市场中的部分需求虽然是显化的，但通常由于规模不大，容易被主导企业忽略，填补市场中产品和服务的空白正是一种重要的差异化竞争策略。其三，寻找异质性市场中未能被完全满足的需求。由于市场中的主导企业往往以规模经济及高市场占有率为目标，故其提供的产品可能只能满足大众普遍的需求，而无法完全满足消费者的个性化需求，弥补现有的产品效用与消费者期望效用之间的差距，亦是发现小生境的重要途径。

定位小生境是一个市场发现即市场创新的过程。显然，这种市场创新必须以产品创新为前提，要求企业开发出适合小生境需求的产品，才可形成在特定小生境中的市场势力。虽然相对于大市场而言，小生境中的消费者是窄众，服务于小生境的企业无法很好地实现规模经济，但由于向消费

---

① ［意大利］克瑞斯提诺·安东内利. 创新经济学——新技术与结构变迁［M］. 北京：高等教育出版社，2006.2：112。

者提供最大化满足其偏好的个性化产品和服务，故产品需求价格弹性较低，且消费者的转移成本较高——即消费者寻求购买其他厂商提供的替代品所需的额外费用较高。这意味着企业拥有了在一定程度上被"锁定"的消费者，从而具备了较高的产品溢价能力与较高的边际收益。从市场竞争的角度看，定位于小生境的企业不仅可以差异化优势进入市场并获得立足之地，而且还可避开与市场上强势竞争者面对面的竞争，从而获得良好的生存和发展空间。而这与生物界中的小物种和新物种需要自己的生态位以免受强大物种的侵略和扼杀如出一辙。

正如上面所述，企业应凭借差异化竞争，致力于形成小生境中创新与市场势力的互动，而这是一个动态演进的过程。一方面，通过市场创新和产品创新构筑差异化壁垒，企业可以获取对产品价格的控制力，从而在小生境中形成相应市场势力；另一方面，小生境中市场势力所带来的超额利润及组织资源，又将极大地推动企业从事新产品和新技术的改良，使新技术的支持体系得到扩展及强化。并且，在单个小生境中实现创新与市场势力的良性互动，还将使企业进一步向相关技术领域和市场小生境渗透，从而不断巩固企业的市场优势地位，扩展市场权力边界。

6.4 组织创新、网络化与市场势力

20世纪90年代以来，国际竞争中的主导性跨国公司纷纷实施组织创新，加快整合外部资源，全球性网络组织日益庞大，而电子信息业中的组织网络化特征尤为明显。以电信设备业为例，根据 UNCTAD（2002）的报告，几乎垄断全球市场54%份额的爱立信、诺基亚、摩托罗拉、西门子等8家公司，在研发、制造、销售等各个领域均不断加大对外合作力度。以上8家公司仅合同制造涉及的销售额就从1998年的580亿美元增长到2002年的1390亿美元。这些电信设备业巨头的供应商不仅包括了美国旭电（Solectron）和新加坡的Flextronics等著名跨国公司，还包括了广泛分布于在巴西、中国等国的众多外围制造商。事实上，开展以全球组织资源整合为基础的组织创新，构建协作良好且高效运作的网络组织，已成为跨国公司在国际动态竞争中形成市场势力的重要策略之一。

6.4.1 网络化的市场势力形成机制

组织资源整合是企业获取市场势力的重要途径。在经济全球化及信息化背景下，企业对组织资源的整合方式正发生着新的变化：传统的整合往往以资本和产权为纽带，企业通过收购、兼并其他组织资源实现内部一体化，从而增强对市场的控制力。新的整合方式是进行网络化的组织创新，企业通过订立各种契约与其他组织资源联结在一起，并借助网络治理发挥系统的协同效应，使网络组织成为一个有序协作的整体，即组织间的知识、技术、能力可实现互补并发挥更大作用。通过这种高效率的外部资源整合构建起网络组织，企业可使自身的信息、知识和能力穿越形式上的边界而延伸至整个网络；进而，在提高资源配置效率的前提下，网络组织整体实力的增强将促进网络内单个企业市场势力的提升。因此，网络化的组织资源整合方式将使企业的市场势力得到有效强化和增进，图6-6描述了市场势力形成的网络化机制。

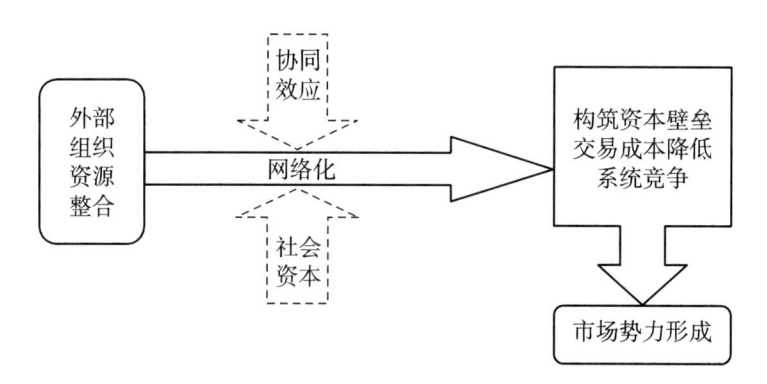

图6-6 市场势力形成的网络化机制

经济学对于"网络"本质的认识，最早来自于威廉姆森（1985）的开创性研究。威廉姆森提出，在市场及科层两种规制之间还存在着混合组织（Hybrid）或称中间形态（Quasi-market），即网络组织。Larson（1992）认为网络组织是由成员间相互的责任、期望、声誉和共同利益而促生的，是长期而重复交易的总和。Hodgson（1998）指出，网络中的"关系交换"（Relational Exchange）是一种与"市场合约"有本质区别的"关系合约",关系合约包含了成员间一系列信任与相互理解等关系,兼具持久性和保障性等特点。近年来,网络组织理论更是蓬勃发展,这些理论认识的推进,为解释和研究现实竞争中企业的组织创新提供了有力的支撑。

现实中,通过外部一系列"关系合约"构建起网络组织,不仅是企业应对全球范围内日益复杂激烈的竞争之需要,也是企业追求更加灵活的组织体系以提高自身运作效率的内在要求。网络化的组织创新,使企业在对外交易过程中建立起各种持久的关系,事实上,这些关系将使企业在规模、组织效率以及控制边界等各方面发生深刻变化,从而影响了市场竞争态势的变化。例如,原本企业 A 与 B 之间的个体竞争将演变为网络 1 与 2 之间的系统竞争(见图 6-7),这无疑是特定资源环境约束背景下企业进行组织创新的结果,因为网络化将在相当程度上增强单个企业的竞争实力以及对市场的控制力。

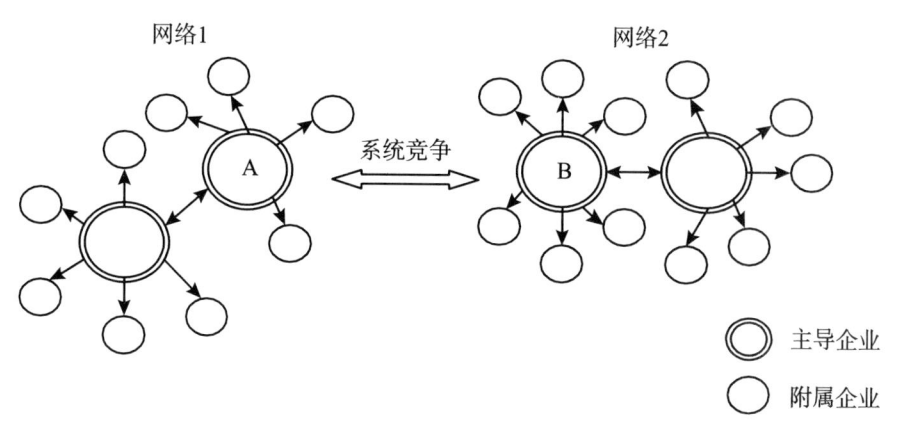

图 6-7 个体竞争演变为系统竞争的示例

6.4.2 协同效应、社会资本与市场势力

企业通过组织创新即网络化以增强市场势力的关键,在于发挥协同效应并增进社会资本。协同效应的产生,始于组织成员间的互动与协调配合,来自组织成员在资源与能力的依赖关系中发挥协作效能,产生互补效应。协同效应的存在,使网络具备的功能并不是各成员原有资源与能力的简单加和,而是异质性资源与能力实现互补后整体效能的更新与放大。由于企业加入网络组织能产生相应的合作剩余,在追求合作剩余的激励下,

组织成员将进一步加强协调，而网络组织的结构也将从无序向有序发展。事实上，协同效应的发挥是网络产生可观的经济租之基础。在分享网络组织合作剩余的同时，企业通过网络化的组织创新将进一步提高盈利能力并增强对市场的控制力。

另外，网络组织强化了企业的社会资本，有助于企业市场势力的提升。社会资本是企业可利用的外部金融资本与人力资本等广义契约（More General Contract）的总和，亦是决定企业竞争成败的关键因素（Burt，1992）。网络组织所提供的一系列契约关系，构成了组织成员社会资本的重要来源。由于知识、信息和技术的共享与互补，企业借助网络组织不仅可以大大提升自身可利用的外部资源，并且可增强自身动用相关资源的能力，从而提升企业在市场中的竞争实力。拥有丰富的社会资本，使企业更容易获取默会知识等实践经验、获得丰富的信息流和商业机会，这将有效降低企业的交易成本，使企业的经营绩效得到改善。从市场进入壁垒角度分析，丰富的社会资本可以令企业阻止潜在竞争对手争夺市场份额，从而巩固企业的市场优势地位。

电子信息业中，网络组织普遍存在于研发、制造、营销等各个价值环节。Comes-Casseres（1994）分析了美国 Mips 公司围绕 RISC 产品构建的网络组织。Mips 公司既与 AT&T 等公司进行了芯片使用授权，又与东芝等公司签订了技术协议，还接受了 DEC 公司的股权投资，并向 Pyramid 等公司供应产品；而其合作伙伴之中，西门子不仅与 Mips 存在技术协议，还是 Mips 客户 Nixdorf 的股东。这一复杂的网络组织如图 6-8 所示。Mips 作为一家小企业，在这一网络组织中获得了协同效应，积累了社会资本。

一些新兴工业化国家和地区也非常重视电子信息业网络组织的构建。如中国台湾地区在 2005 年就集合产学研的各方力量，成立了"软性电子产业推动联盟"。2006 年，奇美、台虹、国森、东捷及新光合纤等五家厂商在台湾地区工研院的号召下，成立了"连续式软性液晶薄膜研发联盟"，这一网络组织包含了诸多材料、设备、软板、面板等上下游价值环节的厂商在内，这些厂商将共同就软电产品前沿技术展开合作研发[①]。

---

① 连续式软性液晶薄膜研发联盟诞生［EB/OL］. http://wnes.tnc.edu.tw/bst/modules/planet/view.article.php/536/b。

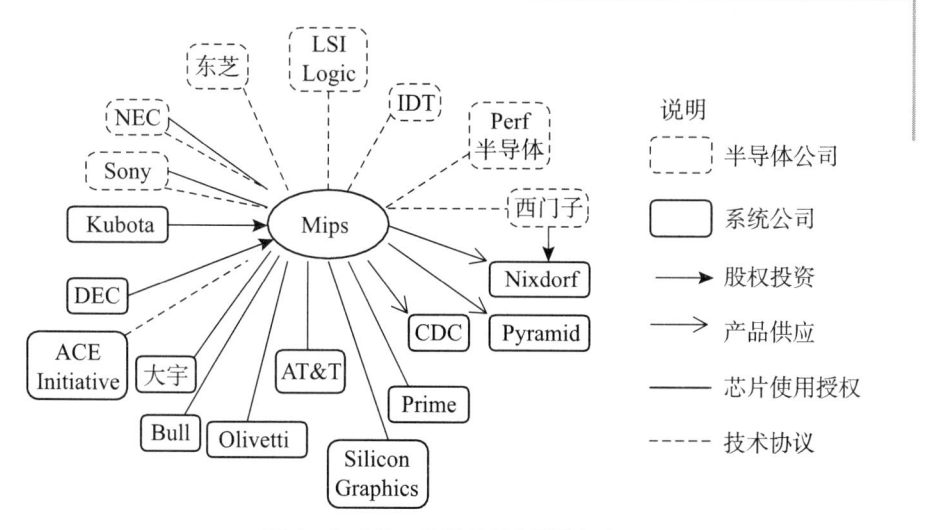

第6章 基于创新的企业市场势力形成：横向维度

图6-8 Mips 公司 RISC 网络组织

资料来源：Comes-Casseres, B. Group Versus Group: How Alliance Network Compete. Harvard Business Review, 1994, 72 (4): 62-74。

值得指出的是，由于拥有较大的资源控制权和利益索取权，网络中主导企业的市场势力将随着网络组织的扩大而得到强化。其中解释原因之一，就是网络主导企业对网络的运行的投入最大，因此在利益分配中占据主导地位（Raupp, 2000）。具体而言，由于主导企业掌握着对关键资源的控制，在网络组织的价值创造中承担着重要的角色，通过知识、信息、技术、品牌等构成核心能力的要素向网络中其他成员的渗透，从而具有更大的剩余利益索取权。并且，与传统企业通过内部行政指令进行指挥和协调不同，主导企业为了使网络中各参与者提供的一系列复杂的价值创造活动被有序而有效地联结起来，还须借助于网络治理（Governance），对网络参与者的价值活动进行指挥、协调和干预。包括：其一，规范性治理（Legislative Governance）。即规定网络成员的准入条件，设置产品、生产过程、技术、服务等方面相关的各种规范标准。其二，监督性治理（Judicial Governance）。即监督并检查网络成员提供的产品和服务是否达到相应标准，生产过程是否符合规范。其三，执行性治理（Executive Governance）。即通过派遣专家指导、提供先进设备或其他技术支持等，帮助其网络成员达到相应规范和标准（Gereffi, Humphrey and Sturgeon, 2003）。并且，主导企业所获网络组织的收益，部分是建立在对网络参与者所创造收益的侵占的基础上的（Raupp，2000）。这进一步说明了企业通过整合外部组织资源形成网络组织是增进其市场势力的重要手段。

6.5 创新与纵横向维度市场势力的培育与互动

6.5.1 纵横向维度市场势力与国际分工地位

纵向维度的企业市场势力直接决定了企业在垂直专业化分工格局中分工利益的多寡。在全球价值链中，企业与其上下游厂商进行交易（采购上游原材料和中间投入品，或将产品出售给下游厂商、渠道商及品牌商）时的议价能力，集中地体现了纵向维度的市场势力。如果在与价值链上下游厂商的交易过程中居于弱势，受制于上下游强势的垄断卖家或垄断买家，则无论该企业在横向维度是否具有市场势力，同样无法在全球价值链中获取应有的分工利益。

横向维度的市场势力培育是纵向维度市场势力形成的必要条件。如不能在同业竞争的价值环节中有效提升市场势力，则企业势必难以拓展纵向维度的市场势力。全球价值的某一价值环节进入壁垒越低且集中度越小，则该环节内的竞争就越激烈，处于其中的企业就越缺乏横向维度的市场势力。此时，处于上下游的跨国公司，面对一个竞争性市场上众多的交易对象，就可以轻而易举地形成强势议价能力和控制力，实施纵向压榨。具体而言，跨国公司可以通过上游垂直预占，制定卖方垄断的高价；或通过下游垂直预占，制定买方垄断的低价，从而挤占竞争激烈的中游制造商的分工利益。所以，横向维度市场势力缺乏，会使企业在参与纵向维度价值环节间的博弈中处于十分不利的地位。

在全球价值链的竞争格局中，企业在纵横向维度的市场势力强弱可形成不同的组合，而这些组合状况可以清晰地刻画企业在国际分工体系中所处的地位。

将企业纵向和横向维度的市场势力用强、弱加以区分，两个维度的市场势力状况可形成四种组合（见图6-9），这些组合可描述处于不同国际分工地位的四类企业：

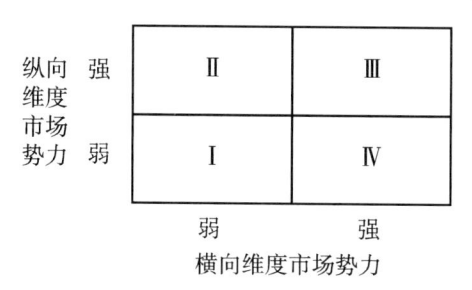

第6章 基于创新的企业市场势力形成：横向维度

```
纵向   强 |  Ⅱ  |  Ⅲ  |
维度      |-----|-----|
市场   弱 |  Ⅰ  |  Ⅳ  |
势力
         弱      强
         横向维度市场势力
```

图6-9 纵横向维度市场势力组合与企业国际分工地位

Ⅰ型企业无论在横向维度还是纵向维度，其市场势力都比较薄弱。这类企业在全球分工中处于金字塔的底层，往往从事劳动密集型的加工、组装且面临着极为激烈的竞争，只能得到微薄的加工报酬，因此在国际分工的利益分配中处于不利的地位。

Ⅱ型企业在横向维度的市场势力弱，而在纵向维度的市场势力强，这种情况实际上不可能出现。正如上面所述，横向维度市场势力的培育是纵向维度市场势力形成的必要条件。在横向维度缺乏市场势力的企业，所提供的产品或服务往往存在很强的可替代性，因此无法在纵向维度对交易对象产生影响力。

Ⅲ型企业无论在横向维度还是纵向维度的市场势力都很强。这类企业在全球分工中居于金字塔的顶层，既能在同一价值环节内的竞争中构筑成本壁垒、规模壁垒、差异化壁垒和资本壁垒，拥有市场优势地位；亦能在与上下游价值环节的交易中有效影响交易对象并控制交易价格。因此，这类企业是国际分工利益的主要获得者。

Ⅳ型企业在横向维度的市场势力强，而在纵向维度的市场势力较弱。这类企业往往居于全球价值链中的非关键价值环节，即使在该价值环节中具有较大的份额及强势的地位，但由于其价值创造活动的非关键性和可替代性，该类企业仍然无法对上下游的交易对象产生实质性的影响。在纵向维度缺乏市场势力，使企业在国际分工中无法获得满意的利益分配。

6.5.2 纵横向维度市场势力培育与创新的互动

横向维度和纵向维度的市场势力培育相辅相成，两者存在着耦合互动关系。由于我国有众多电子企业属于图6-9中的Ⅰ型企业，处于价值链的中游制造环节,因此,下面将从中游制造商的角度出发,说明纵横向维度企业市场势力的互动关系,以及创新在实现纵横向维度企业市场势力相互增进中的关键作用(见图6-10)。

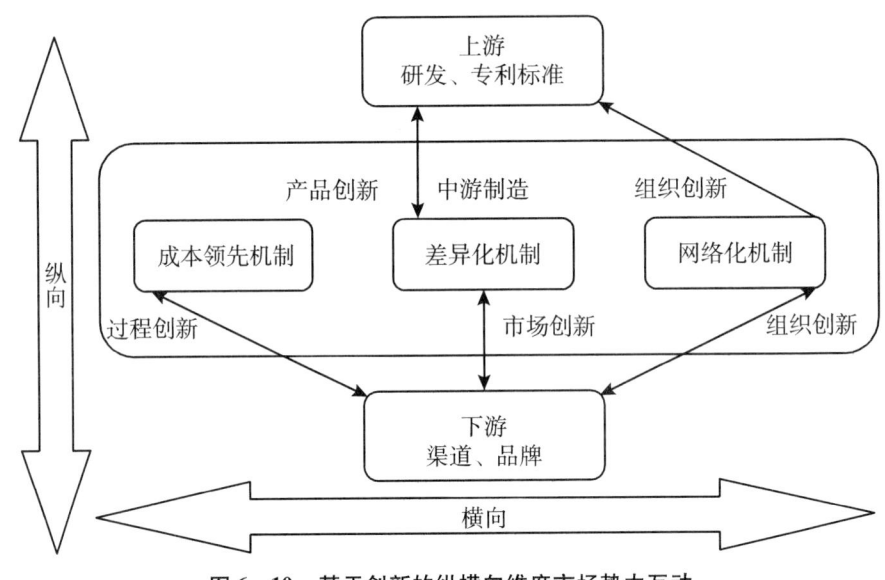

图6-10 基于创新的纵横向维度市场势力互动

第一,横向维度的成本领先离不开纵向维度的市场拓展;而纵向维度上企业市场势力的提升,又需要横向维度的成本领先及份额扩张。横向维度市场势力形成的成本领先机制,体现为企业凭借过程创新,以规模经济和速度经济进行规模的扩张;而这一过程要求企业注重市场拓展,整合下游的渠道并培育品牌资产,以此来确保企业提升市场份额。进而,市场份额的扩张又可帮助企业实现相对于价值链上游的买方规模经济,和相对于下游的卖方规模经济,从而提高企业的议价能力。

第二,横向维度实现差异化促进了企业在纵向维度的价格加成能力;而向上下游价值环节拓展的纵向维度市场势力培育,又是在横向维度进行差异化竞争的前提。横向维度市场势力形成的差异化机制,体现为企业通过产品和市场创新,锁定非对称需求,从而降低需求弹性及竞争激烈程度,构筑差异化壁垒;这一过程将切实地提高企业的品牌溢价,从而提高企业在纵向维度上对价格的控制力。另一方面,要进行产品创新实现差异化,企业必须在纵向维度向价值链上游研发环节拓展;

要进行市场创新需要企业向价值链下游拓展,及时准确地获取市场信息。

第三,横向维度市场势力形成的网络化机制,体现为企业通过组织创新,整合外部组织资源以构建网络组织;这一过程通过协同效应的发挥和社会资本的增加,强化了该价值环节的整体市场势力,使之可以对抗来自上下游环节的纵向控制和约束,从而增进了该价值环节在全球价值链中的利益分配比重。与差异化机制类似,网络化机制同样需要企业从中游制造环节向上下游价值环节拓展,只有通过功能升级,不仅能在网络组织中分配到更多的利益,还能在横向竞争中形成强势地位。

目前,在全球价值链中承担制造环节的发展中国家企业,大多属于图6-9所示的Ⅰ型企业,一方面面临上下游跨国公司的双向压榨;另一方面受困于同质性很强的横向竞争,陷入了纵向和横向维度市场势力的双重缺失,以及企业市场势力与创新能力的恶性互动。

中游制造环节的企业应依托纵向维度的功能升级,以过程创新、产品创新、市场创新及组织创新在横向维度实现成本领先、差异化及网络化;同时,依托横向维度的市场势力培育,向价值链上下游拓展实施反垂直预占。只有注重纵向及横向维度市场势力培育的互动,才能有效形成企业市场势力与创新的良性互动。

6.6 小结

从横向维度看,在全球价值链的同一价值环节中,不同竞争者为获取在该环节的分工利益和分工机会,展开了激烈的同业竞争。本章强调,创新是形成横向维度企业市场势力的基础,根据创新方式的差异,本章深入解构了横向维度市场势力形成的三类机制,分别为:成本领先机制、差异化机制及网络化机制。

成本领先机制即企业通过过程创新,以动态规模经济实现市场份额的扩张,并以速度经济提高周转率,从而在价格竞争中保持成本领先,形成市场势力。差异化机制是企业通过产品与市场创新,定位于市场"小生境",创造并锁定非对称需求,以差异化竞争形成市场势力。网络化机制是企业通过组织创新,整合外部组织资源构建网络组织,以协同效应的发挥以及社会资本的增进来提升企业市场势力。

　　本章最后深入解析了纵向及横向维度企业市场势力相辅相成的内在联系。纵向维度的市场势力直接决定了企业在垂直专业化分工格局中所获分工利益的多寡，而横向维度的市场势力是形成纵向维度市场势力的必要条件。处于全球价值链中游的制造企业，应以创新为核心注重纵向及横向维度市场势力培育的互动，从而实现企业市场势力与创新的良性互动。

第7章 我国电子信息企业市场势力与创新互动的对策

在当前的国际分工格局中，我国电子信息企业面临"技术依赖"、"市场隔层"，并陷入"低端锁定"的根本原因，正是企业市场势力与创新能力的双重缺失。在前述理论与实证研究基础上，本章提出扭转我国电子信息企业不利的国际分工地位，实现比较利益增进的总体思路为："整合全球经济要素，促进纵向与横向维度市场势力的互动；培育企业家主体，实现企业市场势力与创新的良性互动"。进而，本章分别从纵向和横向两个维度，提出了基于创新的企业市场势力培育对策。

7.1 企业市场势力与创新良性互动的总体思路

本章提出，扭转我国电子信息企业不利的国际分工地位、形成企业市场势力与创新良性互动的总体思路为："整合全球经济要素，促进纵向与横向维度市场势力的互动；培育企业家主体，实现企业市场势力与创新的良性互动"。该思路体现了以下三方面的要点：

第一，无论在纵向维度（即全球价值链的上下游价值环节间），还是在横向维度（即价值链的同一价值环节中），"整合全球经济要素"的创新都将是企业在国际动态竞争中争取相对主导的市场地位、并持续提升获利能力的基础。一方面，发展中国家的企业要开展全球价值链中的反垂直预占（见第5章），在纵向维度实现市场势力与创新的互动，必须依托全球经济要素的整合，逐步控制研发要素、专利资源、品牌资产、渠道权力等关键性战略资源，以提升附加价值，提高对合作者与竞争对手的影响力，在价值链的利益分配中获得主动。另一方面，处于同一价值环节中的企业要在横向维度形成市场势力与创新的互动,无论是成本领先机制、差异化机制还是网络化机制(见第6章),都必须依托基于全球经济要素整合的过程创新、产品创新、市场创新和组织创新来实现。从资源观角度看,企业是"资源的独特集合体"(Penrose, 1959; Wernerfelt, 1984; Barney, 1986),作为全球竞争中的后发厂商,我国电子信息企业固然面临着特定的资源约束。然而,开放性的国际竞争环境,在带来冲击与挑战的同时,也孕育着全球化的知识学习和资源获取的巨大机遇。提升资源的整合能力、整合全球经济要素,是国际竞争中发展中国家企业提升分工地位的必然出路;只有在技术、管理、经营、品牌、渠道等方面进行全方位的要素整合,才能使企业市场势力与创新的互动成为可行。

第二,整合全球经济要素、实现企业市场势力与创新良性互动的主体是企业家。著名的创新经济学家熊彼特曾指出,创新是"企业家对生产要素所做的新组合",这种新组合包括"生产新产品,采用新的生产方法,开辟新的市场,获得原料或半成品的新来源,实行新的企业组织形式"等[①]。而本书强调的整合全球经济要素的主体——即实现创新所必须的一揽子要素的支配者,正是熊彼特意义的企业家。在电子信息业这样的高技术产业中,企业家要素的重要性更为突出。企业家是在市场竞争具有很大不确定性的条件下,谋取剩余最大化的主体;也是在国际要素合作中构建市场势力的核心主体。企业家要素潜能的发挥,是实现"要素整合主体重构"、强化企业市场势力的关键。因此,我国电子信息企业市场势力形成的当务之急,是培育一批具有全球资源整合能力的企业家。由于企业家要素的培育和产生并不一定需要国家进行大量投资;在市场化之前企业家要素大多处于"隐性"状态,以致通常在研究显性要素时容易被忽略,企业家要素需要适宜的制度环境才能"显化"(张小蒂、朱勤,2007)。当前,我国应进一步创造适宜的政治、经济环境(包括政府的经济制度安排与经济扶持政策)、产业环境、法律环境和文化环境,培育丰富的企业家资源。

第三,我国电子信息企业应在国际竞争中实现两个层次的良性互动:一是全球价值链中纵向及横向维度企业市场势力培育的互动;二是企业市

---

① 参见[美]熊彼特. 经济发展理论[M], 何畏等译. 北京:商务印书馆, 1990。

场势力与创新的良性互动,这两者构成了企业市场势力增进的核心。目前,我国电子信息企业在国际竞争中缺乏市场势力,不仅体现在纵向维度缺乏对上游供应商及下游买家的议价能力,而且表现于在横向维度中竞争同质性的特点,单纯向某一维度的市场势力突破,难以使我国企业有效走出困境。在当今全球垂直专业化分工格局中,企业市场势力的培育应从纵向和横向两个维度同时展开,使两个维度企业市场势力的拓展相辅相成,形成互动。而两个维度市场势力培育的互动,离不开企业整合全球经济要素的创新[①],该层次的互动需要另一层次的互动——企业市场势力与创新互动的支撑,这样才能有效扭转我国电子信息企业在全球价值链中的分工地位,实现分工利益的增进。

7.2 基于创新的纵向维度市场势力培育

7.2.1 整合全球科技资源、提升技术获取能力

在国际竞争中,我国电子信息企业应该通过全球研发资源的整合向价值链的上游环节拓展。由于发达国家跨国公司往往对研发环节实施垂直预占,防止技术扩散并维持其市场势力;因此,发展中国家制造商要想通过参与垂直分工体系而获得纵向技术外溢,在现实中面临很大的困难。而主动对海外研发资源进行垂直整合,是我国电子信息企业由制造环节向研发环节拓展的重要途径。

对海外研发资源的垂直整合主要可采取三种方式:一是通过技术许可等方式引进技术;二是构建国际研发战略联盟,与联盟伙伴开展合作研发;三是实施以技术获取为目标的对外直接投资。由于跨国公司严格的技术垄断,我国企业采取前两种方式往往难以获得先进技术及核心技术。因此,在多种方式并举的同时,当前尤其应提倡有条件的企业实施"技术获取型对外直接投资"这一海外研发资源的整合方式。

[①] 如第5章5.3节的分析表明,企业的研发能力必须达到一定阈值,才能有助于实施反垂直预占,拓展纵向维度的市场势力。

技术获取型对外直接投资是以获取东道国的智力资源、研发机构等技术要素为目标，以新建或并购海外 R&D 机构为手段，以提升企业技术竞争力和自主创新能力为宗旨的跨境资本输出行为（杜群阳、朱勤，2004）[①]。这种投资行为是我国企业在当前国际分工格局中，主动切入全球价值链高端环节的有效手段。技术获取型对外直接投资存在着"反向技术外溢"（Reverse Technology Spillover）效应，能提高企业创新能力和议价能力，有助于我国企业在全球价值链中增进市场势力。

在我国电子信息企业中，华为是依靠海外研发资源整合而提升市场势力的典范。目前华为在瑞典斯德哥尔摩、美国达拉斯及硅谷、印度班加罗尔、俄罗斯莫斯科等地均设立了海外研发机构，这些海外研发机构与国内研发机构配合协作，共同构成了全球研发网络。以 NGN 的研发为例，达拉斯研究所主要负责国际对外合作、跟踪最新技术动态和 NGN 总体系统分析设计；班加罗尔研究所主要进行产品模型设计，NGN 的核心技术软交换的协议栈及软件开发；而国内深圳和北京研究所则针对运营商的网络特点进行客户化设计，将 NGN 解决方案产品化[②]。

7.2.2 构建专利网络、打造自主标准

我国电子信息企业要在全球价值链上游实施反垂直预占，必须高度重视专利基础工作。专利申请应成为企业保护技术成果及维持优势地位的重要手段，我国企业应致力于提高专利申请量，尤其应注重提高发明专利申请所占的比重。电子信息业是跨国公司专利申请的密集领域，但我国企业知识产权保护意识和能力与国外企业相比存在较大差距。近年来，我国电子信息企业专利申请量虽然持续增加，但仍存在以下不足：一是申请数量少。2006 年专利申请量排名前 10 位的外资企业，其专利申请数均超过 3000 件；而我国本土电子信息企业（除华为外）的专利申请量均少于 2000 件。二是申请质量低。我国电子信息企业的专利申请中，发明专利

---

① 杜群阳，朱勤. 中国企业技术获取型海外直接投资理论与实践 [J]. 国际贸易问题，2004，11：66~69.

② 华为公司网站 [EB/OL]. www.huawei.com.cn/.

所占比重极低，如美的的发明专利比重仅为 6.47%，而海尔发明专利比重也只有 20.21%[①]。

对于跨国公司滥用知识产权、排斥及打击对手的竞争手段，我国企业应全力应对并积极予以还击。如中国通领科技公司以自主研发的产品成功地占领了美国市场后，遭到其竞争对手美国莱伏顿公司的恶意侵权诉讼。面对应诉时企业精力与财力大量消耗的巨大压力，通领科技公司据理力争，于 2007 年 7 月终于在 GFCI 产品知识产权的境外诉讼中获胜[②]。

我国企业还应通过构筑专利保护体系，对跨国公司的侵权行为发起境外的维权行动，从而有效维护自身的市场势力。如面对自身知识产权受到侵犯，朗科公司于 2004 年 8 月在深圳起诉索尼，2006 年 2 月在美国起诉 PNY 侵犯其闪存盘的发明专利权[③]，这正是我国企业开始具备了知识产权维护意识与维护能力的行动体现。

近年来，我国电子信息业在一些关键技术领域初步形成了自主标准，但这些自主标准要融入市场、成为事实标准仍面临许多障碍（见表 7-1）。应该看到，现代电子信息业的技术特点，决定了仅依靠某家企业自身的研发力量几乎不可能拥有一项产品标准下的所有专利，这种矛盾对我国企业而言更为突出。因此，应鼓励我国电子信息企业加强协作并形成合力，通过专利联盟实现知识产权标准化。目前，在国内企业之间开展的标准竞争，对企业间专利联盟构建和我国自主统一标准的确立构成了障碍。例如，国内企业同时推出了三种基于红色激光技术的高清碟机标准方案（EVD、HVD 和 HDV），以对抗索尼主导的 BD（蓝光）标准和东芝主导的 HD DVD 标准，并在相互间形成了激烈的竞争。这使得我国企业本有限的研发资源分散化，造成了资源配置的重复和浪费。

---

① 信息产业部科学技术司.2006 年信息技术领域专利态势分析报告 [J]. 电子知识产权，2006.10：15~19。
② 李国华. 浙江通领科技集团在美打赢专利官司. 创历史先河 [N]. 中国经营报. 2006.6.24。
③ 叶静. 授权路漫漫. 朗科上演海外专利索赔第一案 [EB/OL]. http://europe.ce.cn/main/shizheng/200602/27/t20060227_6210222.shtml。

表7-1 当前关键技术领域国外主流标准与我国自主标准对照表

技术领域	对应国外主流标准	我国自主标准	我国自主标准主要研发机构	自主标准应用前景
3G移动通信	WCDMA CDMA-2000	TD-SCDMA	大唐电信等	已被国际电联接纳为三大国际标准之一，但可能主要应用于国内
高清碟机	BD（蓝光） HD DVD	EVD	阜国数字	确立为国家推荐性标准，但市场接纳度有限
高清晰度电视	ATSC（美） DVB-T（欧） ISDB-T（日）	ADTB-T DMB-T	上海交通大学 清华大学	待定为国家标准
数字设备互联领域	DHW G	IGRS（闪联）	联想、TCL等	被信息产业部批准为推荐性行业标准
数字音视频编解码	MPEG-2 MPEG-4 H.264	AVS	TCL、创维、海信等	待定为国家标准，但面临国外标准的激烈竞争

资料来源：朱雪忠，詹映，蒋逊明．技术标准下的专利池对我国自主创新的影响研究［J］．科研管理，2007，28（2）：180～186。

面对跨国公司的激烈竞争，我国电子信息企业必须通过构建战略联盟形成优势互补，以推动自主标准的确立。应重视利用我国国内市场的规模优势，使我国企业的自主标准为国际所接受。我国国内庞大的市场需求已日益受到跨国公司的高度重视，国内市场的标准竞争日趋激烈，因此，在国外信息技术标准未在国内市场形成规范前，我国企业应致力于率先推出自主标准，并通过在国内市场实现规模化应用形成"事实标准"，进而与国外跨国公司进行相关知识产权互换，从而增强我国企业的市场控制力。

7.2.3 垂直整合渠道、实施名牌战略

在纵向维度市场势力培育的进程中，应重视以获取渠道权力为目标的渠道整合。在第5章5.3节的分析说明，发展中国家的制造企业即使具备一定的研发能力，仍必须依靠向下游渠道拓展，培育纵向维度的市场势力；而5.5节对全球电子信息业价值链形态的分析，也清楚地表明在20世纪90年代后，全球分工的利益和权力更多地向下游流通环节倾斜，因此，向下游价值环节拓展是企业在纵向维度形成市场势力的关键。企业应

通过市场创新、组织创新及经营模式创新，增强对国际市场渠道及品牌的控制，缩小与终端市场的"隔层"，培育纵向维度的市场势力。

1. 国际市场渠道的垂直整合

目前大部分中国企业进入国际市场的重要手段，是与海外分销商、零售商订立长期契约，如美的在美国市场的销售收入中，有高达80%比重的销售由沃尔玛和凯马特完成。然而正如前面分析，由于海外分销商、零售商在采购商主导型价值链上具有非常强大的市场势力，本土企业往往处于"俘获式治理模式"之中，容易丧失议价能力。因此，对我国电子信息企业而言，通过产权一体化形式实施国际市场渠道的垂直整合是较为可行的模式。具体而言，可采取以下三种模式：

一是有海外经营能力的企业可自建全球营销渠道，向全球价值链下游拓展。我国企业应充分利用国外华商的资源网络，以股权合作的形式建立海外销售网点；或者吸引海外华人加盟，共同运作海外连锁经营体系。例如，格力集团自1995年开始，就在海外自建营销渠道。目前，格力已在海外开设了500多家专卖店，其自主品牌的产品已进入了美欧等60多个国家和地区。2006年，格力在海外市场实现的销售收入达到39.84亿元，同比增长了76.67%[①]。

二是将我国企业的制造优势与海外公司的渠道优势相结合，通过与外企合资共同开拓国际市场。例如，2003年，上海广电集团有限公司（SVA）与日本三井物产株式会社合资成立了广电三井物贸公司。三井物产可利用上广电在本土的销售渠道，同时，对上广电开放全球营销网络，上广电可分享三井物产的销售、采购及物流系统，从而推动液晶电视等产品在日本和欧美各国市场上的销售[②]。

三是通过并购海外品牌、渠道商，从而快速实施海外渠道的垂直整合。并购海外品牌及拥有成熟销售网络的国外贸易商，是企业快速控制海外渠道的重要途径。目前，我国电子信息业中部分大型企业集团已具备了良好的资金实力与丰富的国际运营经验，利用并购快速地获取海外的渠道资源，可使我国企业在国际竞争中，形成时机上的先占性。需要注意的

[①] 李静，蔡晓玲，胡晓虹. 和谐共赢的"格力模式"[N]. 珠海特区报. 2006.9.27。
[②] 详情参见 [EB/OL]. http://www.mofcom.gov.cn/aarticle/n/200311/20031100143037.html。

是，由于海外并购涉及较大的运营及财务风险，还会受到文化冲突及政治风险等因素的影响。因此，企业以并购方式实现海外渠道的垂直整合时，需要做好充分的前期准备，应系统地分析并购项目存在的风险，有步骤地向价值链下游拓展。

2. 注重品牌溢价、实施名牌战略

纵向维度向价值链下游实施反垂直预占，除了进行海外渠道的垂直整合，还应着力实施名牌战略，做强做大自主品牌。长期以来，我国企业主要依靠劳动力成本低廉的制造优势参与国际分工，企业或缺乏品牌意识或缺乏品牌运营能力。不少制造消费电子信息产品的企业在产品工艺、技术水平上虽然并不落后于跨国公司，但受到品牌经营能力的局限而只能从事贴牌生产，获取微薄的加工报酬。我国电子信息企业实施品牌战略应注意的问题有：

第一，我国企业在国际化进程中，应当有意识地通过实施品牌战略扩大市场份额，提高品牌声誉并树立品牌形象。2000年以来，华为树立了将自身塑造成国际主流电信制造商品牌的目标，先后启动了"东方丝绸之路"、"东方快车"的品牌计划，委托全球著名的咨询公司对华为的品牌进行全面评估及规划[1]。近年来，华为的海外市场拓展取得了快速的发展，与华为品牌的国际影响力不断提升密切相关，这很值得其他电子信息企业借鉴。

第二，在拓展国际市场时，我国电子信息企业应着重长远利益，重视自主品牌的国际推广，根据自身情况突破贴牌生产的路径依赖。1997年起，格力空调就开始在巴西市场以自有品牌"格力"品牌销售空调产品。此后，在面对巴西货币汇率贬值的冲击以及代理商抢注商标的压力时，格力坚持了以自有品牌在巴西市场销售的策略，赢得了良好的品牌信誉[2]。坚持自有品牌的建设，是制造企业在纵向维度提升企业国际市场势力、增进比较利益的重要途径。

第三，要警惕跨国公司采用抢注商标的方式，阻碍我国企业海外品牌战略的实施。如1999年，博世—西门子公司在德国注册了"HiSense"商

---

[1] 华为公司网站［EB/OL］. www.huawei.com.cn/.
[2] 格力公司网站［EB/OL］. www.gree.com.cn/.

标,对我国海信的国际扩张构成了威胁,并在2004年开出高达4000万欧元的商标转让费以打击竞争对手海信[①]。这一现象说明,跨国公司正是将品牌资产作为其维持市场势力的进攻性武器,我国企业要在全球竞争中维护利益,就必须重视在全球范围保护自身的品牌及商标资产。

最后,我国企业要全面地认识海外品牌并购的资源整合方式。近年来,一些国内企业试图以并购海外品牌迅速打入国际市场,然而,并购海外品牌存在着运营成本高、并购后资源流失、文化适应等各方面的复杂问题。由于我国诸多电子信息企业缺乏国际运营经验,因此在并购海外品牌前应该谨慎分析,充分认识到存在的风险。如TCL公司在2002~2004年,先后并购了法国汤姆逊公司彩电业务、阿尔卡特公司的全球手机部门,但也因此深陷于海外业务的巨额亏损,2006年TCL亏损额高达35.7亿元[②]。

7.3 基于创新的横向维度市场势力培育

7.3.1 以规模经济与速度经济实现成本领先

实现规模经济,提高产业集中度是我国电子信息业发展的当务之急。当前,我国电子信息业诸多子行业的进入门槛低,产业组织松散,市场集中度偏低。在通信设备、计算机及其他电子设备制造业的子行业中,除"通信设备电子制造业"及"家用影视设备制造业"属于"高中寡占型"结构以外,其他子行业属于"低集中竞争型"行业或"分散竞争型"行业(参见第4章的4.2节)。我国众多中小电子信息企业缺乏规模经济,更谈不上对自身产品价格形成主导权,在与上游供应商和下游渠道销售商的交易中处于弱势。实施大企业战略,提高电子信息业的市场集中度,推动企业的规模经济已引起了各界重视。目前,应继续扶持电子信息百强企

---

① 这一商标与海信于1992年在中国注册的"HiSense"完全一致。参见海信公司网站[EB/OL]. www.hisense.com.

② [EB/OL]. http://tech.sina.com.cn/e/2007-07-11/10051609748.shtml.

业尤其是各行业的龙头企业，如华为、海尔、联想等进一步做大做强，积极稳妥地推进全球范围内的规模扩张，以成本领先形成电子信息业价格竞争中的竞争优势，以市场势力培育推动企业研发能力的提升，进而缩小与世界一流跨国公司的差距。

在重视规模经济的同时，我国电子信息企业还应致力于以过程创新实现速度经济。目前，我国企业的业务流程及经营模式与发达国家跨国公司相比，仍存在较大差距，但这也意味着进行过程创新具有较高的边际收益。实现速度经济的具体要求体现为：一是以过程创新提升研发及设计的速度，加快新产品的研发不仅是满足迅速变化的市场需求的前提，也是领先于竞争对手挖掘潜在市场需求的必要保证；二是以过程创新提高产品制造的速度，加快产品面市的速度可有效降低研发的风险；三是以过程创新增进产品销售的速度，通过压缩库存以节约流通成本，提高资金周转率，且通过高效的物流，保证产品快速出现在零售终端。

7.3.2 定位市场小生境、实现差异化

差异化竞争是准确把握市场异质性需求的前提，也是切入国际竞争、逾越国际市场进入壁垒的重要途径之一。与发达国家的跨国公司比较，目前我国的电子信息企业在技术、人才、资金等各方面都缺乏优势；而随着跨国公司大规模的在我国投资，本土企业与外资企业相比原有的劳动力和土地成本优势也基本不复存在。在国内市场竞争国际化的背景下，我国企业完全可以寻找市场中未被充分涉足，自身又具备条件去拓展的市场"小生境"，以市场创新和产品创新为基础开展差异化竞争。

应该看到，全球市场的需求多样性的特征是明显的。一方面，发达国家与发展中国家之间的需求差异甚大；另一方面，即使在发达国家内部，不同消费群体间也存在着极大的偏好差异。消费电子类产品领域，需求偏好的多样性表现得尤为明显，这为我国电子信息企业通过差异化竞争形成市场势力，提供了良好的现实基础。需要认识到，针对一些高端市场的小生境，我国企业即使捕捉到市场机遇，但由于缺乏自有的核心技术作支撑，很难具备良好的投入产出效率。而针对一些低端市场的小生境，我国企业往往具有相对于跨国公司的优势，能够提供较好性价比的产品，满足特殊的市场需求。

例如，海尔在开拓美国的电冰箱市场时，发现美国主流家电企业生产的产品多为大型冰箱，海尔发掘到以大学生为主要客户群的市场"小生境"，开发出既节省空间又耗电量低的小型冰箱，产品推出后获得很大的成功。BC-110、BC-50 两种小型冰箱赢得了全美最畅销的冰箱冠亚军，据美国 Appliance 杂志 2003 年 9 月份的统计数据，海尔小冰箱产品占据了美国同类产品市场销量第一位[1]。这充分说明，我国企业在海外市场以差异化竞争谋求市场势力时，必须注意与企业自身的技术能力特点相结合，唯有如此，才能够成功地把握住充满机遇的市场小生境，实现差异化竞争优势。

7.3.3 构建战略联盟、发挥网络优势

我国电子信息企业应加强组织创新，通过外部组织资源整合，积极构建战略联盟，发挥网络组织的优势从而增进企业的市场势力。企业通过结成战略联盟形成优势互补及风险共担，以系统竞争代替个体竞争，是切实可行的增强企业市场势力的方法。联盟的建立可以在价值链纵向展开，形成上下游企业核心能力的互补；也可以在横向的价值环节中构建，使联盟成员得以共享同一价值活动；亦可形成复杂的纵横向的联盟网络。我国电子信息企业当前迫切需要构建的战略联盟的类型有：一是研发战略联盟，电子信息业技术发展特点，决定了开放式研发及合作研发是大势所趋，企业应重视与其他企业及科研院所在研发领域的战略合作；二是渠道合作的战略联盟，即联盟伙伴共同开拓市场，互相提供市场渠道；三是出口卡特尔型的战略联盟，企业在出口市场中，为应对出口"价跌量增"，改善贸易条件而构成的卡特尔。

最后，通过行业协会推动战略联盟的形成，建立行业内企业的有效沟通机制，是发挥网络组织优势的重要保障。目前，迫切需要各行业协会发挥协调作用，促使行业内企业共同合作解决"开拓国际市场渠道"、"专利联盟的建立和自主标准的打造"、"出口贸易价格协调"等重点问题，鼓励行业内企业构建战略联盟、采取联合行动，从而有效提升企业在国际竞争中的市场势力。

---

[1] 先有市场，再建工厂．[EB/OL] http://www.haier.com/cn/haier/culture/faith3_05.asp．

7.4 今后研究的展望

"国际竞争中企业市场势力与创新的互动研究"是一个尚显稚嫩的研究领域。本书对"市场势力提升创新效率"和"基于创新形成市场势力"这两方面的理论研究,所论机理的分析深度、内在机制的相互关联无疑仍有待加强和改进。展望今后的研究,有不少更深入的问题等待揭示:理论上企业市场势力与创新应该并可以形成"良性互动",但现实中发展中国家诸多被锁定于全球价值链低端环节的企业,为何会面临企业市场势力与创新的双重缺失,陷入市场势力与创新的"恶性互动"?影响企业市场势力与创新之间互动机制的关键因素是哪些?要回答这些问题,离不开对我国特有的体制背景、资源禀赋、经济发展环境等方面动态演进的探讨。本书的研究主要从特定产业中的企业层面展开,因此以上问题应可成为今后努力的方向。

附录 1

引理及其证明过程

引理[①] 存在着 δ_x 和 δ_y，$\underline{\delta} < \delta_x < \delta_y$，在老产品市场完全竞争而新产品市场被新厂商垄断，或者新产品和老产品市场分别为新老两家厂商垄断的情形中，若 $\underline{\delta} \leq \delta < \delta_y$，则老产品定价对新产品的定价形成了约束，即创新是非激进性的；若 $\delta \geq \delta_y$，则老产品的存在对新产品定价不产生任何影响，即创新是激进性的。在老产品及新产品市场被同一家厂商垄断时，若 $\underline{\delta} < \delta < \delta_x$，则老产品定价将对新产品定价形成约束；若 $\delta \geq \delta_x$，则老产品的存在对新产品定价不产生任何影响。

如果 $\underline{\delta} \leq \delta \leq \delta_x$，则满足：$Q_1^{ao} = Q_1^a + Q_2^a$，即无论是否推出新产品，拥有"不受竞争者威胁的市场势力"的厂商之总产出保持不变；同时，$Q_2^a = Q_2^c$，即老产品及新产品市场被同一家厂商垄断时，和老产品市场完全竞争而新产品市场被新厂商垄断的两种市场中，新产品产出均相等。

证明：

考察老产品市场完全竞争而新产品市场被新厂商垄断的情形。以 Q_1^c 表示老产品市场大量竞争性企业的供给量，Q_2^e 由下式决定：

$$f_1(1 - Q_2^e) - C_1 = 0 \tag{1}$$

如果新产品垄断厂商选择 $Q_2 < Q_2^e$，那么 Q_1^c 由老产品价格等于边际成本的条件来决定：

$$f_1(1 - Q_1^c - Q_2) - C_1 = 0$$

如果 $Q_2 \geq Q_2^e$，有 $Q_1^c = 0$；如果 $Q_2 \leq Q_2^e$，那么新产品垄断商的利润为：

$$W = [\delta f_2(1 - Q_2) - f_1(1 - Q_2) + C_1 - C_2] Q_2$$

上式是严格的凹函数，以 Q_2^c 表示上式在区间 $[0, Q_2^e]$ 上的最大化

[①] 该引理及证明过程借用了 Greenstein, S. & G. Ramey (1998) 的模型分析，详见 Greenstein, S. & G. Ramey. Market structure, Innovation and Vertical Product Differentiation [J]. International Journal of Industrial Organization, 1998, 16 (3): 285–311.

值；由 $\delta > \underline{\delta}$，可得 $\underline{Q}_2^c > 0$。分析两种可能，如果 $\underline{Q}_2^c < Q_2^e$，那么 $\underline{Q}_2^c$ 满足：

$$-[\delta f'_2(1-\underline{Q}_2^c) - f'_1(1-\underline{Q}_2^c)]\underline{Q}_2^c + \delta f_2(1-\underline{Q}_2^c) - f_1(1-\underline{Q}_2^c) + C_1 - C_2 = 0 \quad (2)$$

而如果 $Q_2 \geq Q_2^e$，那么新产品垄断厂商的利润函数就是：

$$W = [\delta f_2(1-Q_2) - C_2]Q_2$$

该式同样是一个严格的凹函数，以 $\overline{Q}_2^c$ 表示该式在所有产量上（包括 $Q_2 < Q_2^e$）的最大值，满足 $-\delta f'_2(1-\overline{Q}_2^c)\overline{Q}_2^c + \delta f_2(1-\overline{Q}_2^c) - C_2 = 0$。只要 $\overline{Q}_2^c \geq Q_2^e$，老产品的存在对新产品定价不产生任何影响，因为新产品市场的垄断者会通过选择 $Q_2^c = \underline{Q}_2^c$，而实现利润最大化；如果 $\overline{Q}_2^c < Q_2^e$，老产品市场上没有市场势力的厂商的定价会影响新产品市场垄断者的利润，即老产品定价对新产品的定价形成了约束。

当 δ 足够接近 $\underline{\delta}$ 时，给定足够大的 ν，则有：$-f'_2(1-Q_2^e)Q_2^e + \delta f_2(1-Q_2^e) - C_2 > 0$

由条件 $f'_2(0) \leq C_1$ 可知：

$$-f'_2(1-Q_2^e)Q_2^e + f_2(1-Q_2^e) > 0 \quad (3)$$

故当 δ 足够大时，有 $\overline{Q}_2^c > Q_2^e$。因为 $\overline{Q}_2^c$ 在 δ 上严格递增，可知存在一个有效值 δ_y，$\delta_y > \underline{\delta}$；当 $\delta = \delta_y$，满足 $-\delta f'_2(1-Q_2^e)Q_2^e + \delta f_2(1-Q_2^e) - C_2 = 0$。而当 $\delta = \delta_x$ 时，$-f'_1(1-\overline{Q}_2^c)\overline{Q}_2^c + f_1(1-\overline{Q}_2^c) - C_1 = 0$；这意味着 $\overline{Q}_2^c < Q_2^e$，所以必有 $\delta_y > \delta_x$。并且，对 $\delta_x < \delta < \delta_y$，$Q_2^a < Q_2^e$ 成立。

在新产品和老产品市场分别为新老两家厂商垄断的情况下，新老垄断厂商的利润函数分别为：

$$W_2 = [\delta f_2(1-Q_2) - f_1(1-Q_2) + f_1(1-Q_1-Q_2) - C_2]Q_2$$
$$W_1 = [f_1(1-Q_1-Q_2) - C_1]Q_1$$

以 Q_2^b 和 Q_1^b 表示满足上面两式的纳什均衡产量。$\delta > \underline{\delta}$ 保证了 $Q_2^b > 0$。在前面的假设下，存在着向下倾斜的连续的反应函数，且这些反应函数有且只有一个交点；因此 Q_2^b 和 Q_1^b 是唯一的。

这时，当且仅当 $Q_1^b = 0$ 时，创新才是激进性的。比较 $f_1(1-Q_2^c) - C_1 = 0$ 和老产品市场垄断厂商的一阶条件，可知当且仅当 $Q_2^b \geq Q_2^e$ 时，市场中的创新才是激进性的；且当 $Q_2^b \geq Q_2^e$ 时，有 $Q_2^b = Q_2^c$。

由第3章的（3.7）式、（3.8）式可得到垄断新老两个产品市场的厂商之利润：

$$W = [f_1(1-Q_1-Q_2)-C_1]Q_1 + [\delta f_2(1-Q_2)-f_1(1-Q_2)$$
$$+f_1(1-Q_1-Q_2)-C_2]Q_2 \qquad (4)$$

由假设条件知（4）式是一个严格凹函数，以 Q_1^a 和 Q_2^a 表示（a1）的唯一最大化值。当 $\delta > \underline{\delta}$，有 $Q_2^a > 0$。而 $Q_1^a > 0$，表示老产品的存在对新产品的定价形成了约束，此时 Q_1^a 和 Q_2^a 满足：

$$-f'_1(1-Q_1^a-Q_2^a)[Q_1^a+Q_2^a]+f_1(1-Q_1^a-Q_2^a)-C_1=0 \qquad (5)$$

亦即：

$$-f'_1(1-Q_1^a-Q_2^a)[Q_1^a+Q_2^a]-[\delta f'_2(1-Q_2^a)-f'_1(1-Q_2^a)]Q_2^a$$
$$+\delta f_2(1-Q_2^a)-f_1(1-Q_2^a)+f_1(1-Q_1^a-Q_2^a)-C_2=0 \qquad (6)$$

当 $Q_1^a = 0$，表示老产品的存在对新产品定价不产生任何影响，则有：

$$-f'_1(1-Q_2^a)Q_2^a+f_1(1-Q_2^a)-C_1 \leqslant 0 \qquad (7)$$
$$-\delta f'_2(1-Q_2^a)Q_2^a+\delta f_2(1-Q_2^a)-C_2=0 \qquad (8)$$

以 Q'_2 表示（7）式取等式时的 Q_2，并且对于 $Q_2^a \geqslant Q'_2$，利用 $\delta f'_2(\theta) > \delta f'_1(\theta)$，可得：

$$\delta f_2(1-Q_2^a)-C_2-f_1(1-Q_2^a)+C_1 < 0$$

由上可知，Q_2^a 不可能同时满足（7）式与（8）式；因此，当 δ 趋向于 $\underline{\delta}$ 时，新产品定价必然受老产品价格的影响，创新是非激进性的。

由于对于所有 $\theta > 0$，满足：$-f'_1(\theta)(1-\theta)+f_1(\theta)-C_1 < -f'_2(\theta)(1-\theta)+f_2(\theta)$

当 $\theta = 1-Q'_2$ 时，$0 = -f'_1(1-Q'_2)Q'_2+f_1(1-Q'_2)-C_1 < -f'_2(1-Q'_2)Q'_2+f_2(1-Q'_2)$

给定足够大的 ν，则有：$-f'_2(1-Q'_2)Q'_2+\delta f_2(1-Q'_2)-C_2 > 0$

$Q_2^a > Q'_2$ 满足（7）式及（8）式，说明当 δ 足够大，老产品的存在对新产品定价不产生任何影响。满足（8）式的 Q_2^a 在 δ 上严格递减，这表示给定 δ，如果创新是激进性的；那么对于所有取值更大的 δ，创新都将是激进性的。由此可知，δ_x 就是（7）式取等式时的 ν 值。

由在老产品市场拥有市场势力的厂商（不推出新产品）的利润函数，当 $\underline{\delta} < \delta \leqslant \delta_x$，可将 $Q_1^a + Q_2^a = Q_1^{ao}$ 代入（a2），从而得到厂商实现利润最大化的条件：

$$f'_1(1-Q_1^{ao})Q_1^{ao}-f_1(1-Q_1^{ao})-C_1=0 \qquad (9)$$

用 Q_2^c 代替 Q_2^a，由（5）式及（6）式可得一等同于（2）式的等式

(当$\underline{\delta}<\delta\leq\delta_x$时,若厂商没有在临界条件下定价,则该条件成立)。当$\delta=\delta_x$,由(7)式、(1)式可得$\underline{Q_2^c}<Q_2^e$;以Q_2^a代替$\underline{Q_2^c}$,由(7)式、(8)式的变形可得(2)式;因为(8)式也决定了$\overline{Q_2^c}$,于是当$\delta=\delta_x$时,$\overline{Q_2^c}<Q_2^e$成立。再者,当$\delta=\delta_x$时,$\underline{Q_2^c}$在δ上严格递增。结合(2)式可得:

$$\text{sign}\left[\frac{\partial Q_2^c}{\partial \delta}\right] = \text{sign}\left[-f'_2(1-\underline{Q_2^c})\underline{Q_2^c}+f_2(1-\underline{Q_2^c})\right] \tag{10}$$

根据(8)式及$\underline{Q_2^c}=Q_2^a$,可知(10)式>0;并且,即使对于取值更小的δ,$\underline{Q_2^c}$仍旧是δ的一个递增函数。因此,对于所有的$\underline{\delta}<\delta<\delta_x$,$\underline{Q_2^c}<Q_2^e$成立。同理,利用(8)式可说明在$\underline{\delta}<\delta<\delta_x$范围内,$\overline{Q_2^c}<Q_2^e$均成立,证明完毕。

附录 2

电子信息业的界定

从全球范围来看,各国对电子信息业界定的范畴各异,存在着"信息业"、"信息和通讯技术业"、"信息技术生产业"等不同概念。本附录综合了此类相关概念界定。

1.《北美产业分类体系》对信息业的界定

《北美产业分类体系》①(NAICS)规定,信息业(Information Sector)作为一个完整的部门,由下列单位构成:生产、发布信息和文化产品的单位;提供方法和手段,传输和发布这些产品的单位;信息服务和数据处理单位。

NAICS 界定的信息业具体包括六个子行业:(1)出版业;(2)电影和音像录制发行业;(3)广播电视业;(4)通信业;(5)数据处理、主机和关联服务业;(6)其他信息服务业(详见附表 2-1)。NAICS 界定的信息产业活动既包含传统传播方式的出版、发行业,也涵盖了现代传输方式的广播、电视和通讯业,以及对信息进行加工处理和服务管理的信息和数据服务业。

附表 2-1　　　　　NAICS(2007)对信息业的分类

51 Information(信息业)
511 Publishing Industries(except Internet)出版业(互联网除外)
5112 Software Publishers 软件出版业
512 Motion Picture and Sound Recording Industries 电影和音像录制发行行业
5122 Sound Recording Industries 音像录制发行业

---

① 《北美产业分类体系》(NAICS)是美国、加拿大、墨西哥三国于 1997 年联合制定的产业分类标准,并应用于这些国家的统计调查。NAICS 分别于 2002 年及 2007 年进行了修订,而 2007 年的修订主要针对信息业展开。

续表

515 Broadcasting（except Internet）广播电视业（互联网除外）
517 Telecommunications 通信业
5171 Wired Telecommunications Carriers 有线通信提供业
5172 Wireless Telecommunications Carriers（except Satellite）无线通信提供业（卫星除外）
5174 Satellite Telecommunications 卫星通信业
5179 Other Telecommunications 其他通信业
518 Data Processing, Hosting and Related Services 数据处理、主机和关联服务业
519 Other Information Services 其他信息服务业
51913 Internet Publishing and Broadcasting and Web Search Portals 互联网出版、广播及搜索门户业
51919 All Other Information Services 所有其他信息服务业

资料来源：NACIS 2007.［EB/OL］http：//www.census.gov/epcd/www/naics.html。

NAICS 中的信息业所包含的活动有一共同特点，那就是信息可以通过这些活动的传播和服务，被迅速扩散以及再扩散。值得注意的是，NAICS 中的信息业主要是指有关信息传播与服务的产业，但并不包括电子加工业等制造业部门。

2. 经济合作与发展组织对信息和通讯技术业的界定

1998 年，经济合作与发展组织（OECD）的信息社会指标工作组（WPIIS）以联合国统计委员会的《全部经济活动的国际标准产业分类》（ISIC）第 3 版为基础，制定了关于信息和通讯技术业（Information Communication Technology，即 ICT 产业）的分类[①]。OECD 的分类打破了传统 ISIC 中对制造业和服务业的二分法，认为 ICT 制造业必须满足信息处理、通讯传输和显示功能，或必须利用电子方式检测、测量或记录物理现象（或控制物理过程）；而 ICT 服务业则必须有意识地通过电子手段满足信息处理和通讯的功能。

具体而言，ICT 产业包括：制造业中的办公、会计和计算机器；绝缘线和电缆；电子管和显像管及其他电子元器件；电视、无线电发射机，有线电话和电报设备；电视、无线电接收机，音像录放装置和相关制品；测

---

① 参见［EB/OL］http：//www.OECD.org/dataiecd/5/61/22343094.pdf。

量、检查、检验、导航和其他用途的工器具;工业加工控制设备。服务业中的机械、设备和物资的批发;办公机器和设备的出租;电讯;计算机和有关的活动。

显然,与 NAICS 中"信息业"的范围不同,OECD 定义的"信息和通讯技术业"包括了 NAICS"信息业"分类中所没有的电子信息设备、元器件和其他材料的制造,但不包括 NAICS"信息业"分类中含有的出版、电影音像、广播电视制作、新闻机构、图书馆、档案馆等服务业。

3. 美国商务部对信息技术生产业的界定

美国商务部在其发布的《数字经济 2003 年》[①] 中,根据美国 1987 年《标准产业分类》(SIC)的产业类别,对信息技术生产业(Information Technology Producing Industries)进行了定义。指出该产业由硬件业、软件及服务业、通信设备业、通讯服务业四部分组成。其中硬件业除了计算机、办公机器、电子元器件测量和实验分析工器具的制造外,还包含计算机及其设备的批发和零售;在软件和服务业中,除了计算机和有关的服务外,还包括软件的批发和零售(参见附表 2-2)。

4. 中国信息产业部对电子信息业的界定

根据中国信息产业部《电子信息产业统计工作管理办法》[②],"电子信息产业"是指为了实现制作、加工、处理、传播或接收信息等功能或目的,利用电子技术和信息技术所从事的与电子信息产品相关的设备生产、硬件制造、系统集成、软件开发以及应用服务等作业过程的集合。即包括电子信息产品制造业,具体有电子雷达产品、电子通信产品、广播电视产品、计算机产品、家用电子产品、电子测量仪器产品、电子专用产品、电子元器件产品、电子应用产品、电子材料产品等;也包括软件开发及应用服务等服务业。

---

① 美国商务部自 1998 发布"The Emerging Digital Economy"以来,每年都发布数字经济白皮书以分析信息产业、数字经济的发展趋势。

② 中华人民共和国信息产业部令第 42 号,经 2007 年 2 月 1 日中华人民共和国信息产业部第 26 次部务会议审议通过,自 2007 年 3 月 21 日起施行。

附表 2-2　　　美国商业部对信息技术生产业的分类

硬件业 Hardware Industries	软件/服务业 Software/Services Industries
计算机及设备 Computers and equipment	电脑程序设计 Computer programming
计算机及设备批发 Wholesale trade of computers and equipment*	套装软件 Prepackaged software
计算机及设备零售 Retail trade of computers and equipment*	软件批发 Wholesale trade of software*
计算及办公机器 Calculating and office machines	软件零售 Retail trade of software*
磁、光存储媒介 Magnetic and optical recording media	系统集成设计 Computer-integrated system design
电子管 Electron tubes	电脑资料处理 Computer processing, data preparation
印刷电路板 Printed circuit boards	资讯搜索 Information retrieval services
半导体 Semiconductors	电脑服务管理 Computer services management
无源电子组件 Passive electronic components	电脑租赁 Computer rental and leasing
工业测量仪器 Industrial instruments for measurement	电脑维修 Computer maintenance and repair
电子测量仪器 Instruments for measuring electricity	电脑相关服务 Computer related services, nec
实验分析仪器 Laboratory analytical instruments	
通信设备业 Communications Equipment Industries	通信服务业 Communications Services Industries
家用影音乐设备 Household audio and video equipment	电话传真通信 Telephone and telegraph communications
电话传真设备 Telephone and telegraph equipment	有线和其他电视服务 Cable and other TV services
广播电视设备 Radio and TV communications equipment	

资料来源：美国商务部. Digital Economy 2003. [EB/OL] http://www.esa.doc.gov/2003.ctm。

附录 3

SITC（Rev.3）76222 产品的出口市场

附表 3-1　SITC（Rev.3）76222 产品主要出口国/地区及出口额（1999~2006）

年份	第一	出口额（单位：美元）	占世界出口额比重（%）	第二	出口额（单位：美元）	占世界出口额比重（%）	第三	出口额（单位：美元）	占世界出口额比重（%）	第四	出口额（单位：美元）	占世界出口额比重（%）
1992	中国香港	351631513	34.35	墨西哥	160558000	15.69	以色列	102398624	10.00	马来西亚	80240334	7.84
1993	中国香港	357575778	38.86	以色列	131294368	14.27	马来西亚	88151362	9.58	日本	65109108	7.08
1994	中国香港	393432768	39.93	以色列	123218208	12.51	马来西亚	102224648	10.38	中国	69377664	7.04
1995	中国香港	446251809	36.62	以色列	259720992	21.31	马来西亚	118512053	9.72	中国	90521668	7.43
1996	中国香港	438800485	35.79	马来西亚	185244144	15.11	以色列	129839000	10.59	新加坡	106457188	8.68
1997	中国香港	388074690	34.31	马来西亚	291397344	25.76	以色列	115414000	10.20	中国	89876646	7.95
1998	中国香港	323969385	33.53	马来西亚	182186340	18.85	以色列	126156000	13.06	中国	96983296	10.04
1999	中国香港	302169559	32.70	马来西亚	161467578	17.47	以色列	130629000	14.13	中国	113822579	12.32
2000	中国香港	325490350	29.12	马来西亚	227257385	20.33	以色列	221044992	19.78	中国	108870593	9.74
2001	以色列	306450000	24.19	中国香港	289605460	22.86	马来西亚	273482061	21.59	墨西哥	100438592	7.93
2002	以色列	297535008	24.14	中国香港	293265989	23.79	马来西亚	284325027	23.07	中国	101902915	8.27
2003	中国香港	295618019	24.12	以色列	291412992	23.77	马来西亚	173969971	14.19	中国	135335318	11.04

续表

年份	第一	出口额(单位:美元)	占世界出口额比重(%)	第二	出口额(单位:美元)	占世界出口额比重(%)	第三	出口额(单位:美元)	占世界出口额比重(%)	第四	出口额(单位:美元)	占世界出口额比重(%)
2004	中国香港	334356226	27.27	以色列	282476000	23.04	中国	114886771	9.37	马来西亚	136364891	11.12
2005	中国香港	365458264	27.14	以色列	276870000	20.56	马来西亚	223348542	16.59	中国	167456676	12.44
2006	中国香港	341873037	38.13	中国	154292707	17.27	马来西亚	132323151	14.81	墨西哥	110555258	12.37

资料来源：联合国 UN Comtrade 数据库 [EB/OL]. http://comtrade.un.org/db/。

附表 3-2　中国 SITC（Rev.3）76222 产品主要出口市场及出口额（1992～2006）

年份	第一	出口额(单位:美元)	第二	出口额(单位:美元)	第三	出口额(单位:美元)	第四	出口额(单位:美元)	第五	出口额(单位:美元)
1992	中国香港	27972942	美国	1375406	比利时和卢森堡	563757	土耳其	315798	德国	279342
1993	中国香港	20885815	美国	7951904	德国	3723769	西班牙	3419176	荷兰	3071072
1994	中国香港	22367427	美国	17031486	德国	4833604	荷兰	3604639	西班牙	3520801
1995	中国香港	26913242	美国	23236779	日本	7368279	德国	5055796	荷兰	2682002
1996	美国	32262449	中国香港	20640481	德国	8081240	日本	3947633	新加坡	2635318
1997	美国	32623667	中国香港	18314360	德国	9500412	日本	3388507	阿联酋	3162653
1998	美国	41585787	中国香港	12810509	阿联酋	7601820	德国	7549542	阿联酋	3539479
1999	美国	42920975	中国香港	18497779	阿联酋	8832177	日本	5768966	日本	4254473
2000	美国	42727193	中国香港	20139047	阿联酋	7074701	荷兰	5549542	德国	4837268
2001	美国	24981286	中国香港	19022388	阿联酋	6042307	日本	4049277	英国	3963662

146

附录3 SITC（Rev.3）76222 产品的出口市场

续表

年份	第一	出口额（单位：美元）	第二	出口额（单位：美元）	第三	出口额（单位：美元）	第四	出口额（单位：美元）	第五	出口额（单位：美元）
2002	中国香港	34551640	美国	30095756	日本	4311841	阿联酋	3683728	印度	3362719
2003	中国香港	52623904	美国	29529394	印度	7217398	阿联酋	6016939	加拿大	3666596
2004	中国香港	52101064	美国	35731804	印度	6636710	韩国	5338349	日本	5266767
2005	中国香港	64256838	美国	37346014	日本	11509600	韩国	6591774	加拿大	6129044
2006	美国	58459557	中国香港	38486375	日本	5384788	尼日利亚	5364445	尼日利亚	5364445

资料来源：联合国 UN Comtrade 数据库 [EB/OL]. http://comtrade.un.org/db/。

附表3-3 中国香港 SITC（Rev.3）76222 产品主要出口市场及出口额（1992~2006）

年份	第一	出口额（单位：美元）	第二	出口额（单位：美元）	第三	出口额（单位：美元）	第四	出口额（单位：美元）	第五	出口额（单位：美元）
1992	美国	91421937	德国	36009288	荷兰	19821799	日本	18271658	西班牙	17057177
1993	美国	99249102	德国	35833144	日本	18993400	荷兰	16569697	巴拿马	14812000
1994	美国	105132704	德国	32961588	日本	24866068	荷兰	24519862	巴拿马	19016688
1995	美国	1079970709	日本	51950481	德国	30783622	荷兰	28001904	西班牙	18160990
1996	美国	135347415	德国	31055513	日本	30814250	荷兰	28641982	英国	19559983
1997	美国	105458056	德国	30458480	荷兰	22296852	日本	22281634	英国	21009734
1998	美国	91165965	德国	29546175	英国	19234999	荷兰	18333147	西班牙	17363479
1999	美国	94210985	德国	32378861	西班牙	16327247	阿联酋	14398529	荷兰	13378787
2000	美国	92922107	德国	33396149	英国	17274277	西班牙	15202018	日本	13831220
2001	美国	76607976	德国	24153748	阿联酋	20485701	英国	18763080	西班牙	12737447

147

续表

年份	第一	出口额（单位：美元）	第二	出口额（单位：美元）	第三	出口额（单位：美元）	第四	出口额（单位：美元）	第五	出口额（单位：美元）
2002	美国	84448336	德国	31126664	英国	26498676	西班牙	12338831	日本	11105803
2003	美国	96868822	德国	26246152	英国	24744308	西班牙	13020668	法国	11339013
2004	美国	106252496	英国	30653459	德国	26688226	西班牙	15871524	荷兰	12747398
2005	美国	119934181	英国	43877371	日本	32731312	德国	26487371	法国	15355675
2006	美国	135131411	英国	38102135	德国	24333524	日本	19085070	荷兰	13394383

资料来源：联合国 UN Comtrade 数据库 [EB/OL]. http://comtrade.un.org/db/。

附表 3-4　SITC（Rev.3）76222 产品对美、日、德主要出口国/地区及出口份额

目标市场	1992	比重（%）	1995	比重（%）	1998	比重（%）	2001	比重（%）	2004	比重（%）	2006	比重（%）
美国	墨西哥	47	中国香港	37	中国香港	39	以色列	33	中国香港	34	中国香港	33
	中国香港	27	以色列	33	中国	18	墨西哥	21	墨西哥	22	墨西哥	27
	以色列	7	中国	8	以色列	17	中国香港	16	以色列	16	中国	14
	马来西亚	5	马来西亚	5	马来西亚	13	马来西亚	15	中国	12	马来西亚	14
	新加坡	5	日本	5	新加坡	3	中国	5	新加坡	11	韩国	10
日本	中国香港	55	中国香港	74	中国香港	62	马来西亚	64	马来西亚	54	马来西亚	61
	美国	22	中国	10	中国香港	20	泰国	20	泰国	26	中国香港	25
	韩国	8	美国	8	新加坡	8	中国香港	7	中国香港	9	中国	7
	新加坡	4	马来西亚	3	中国	4	以色列	2	以色列	3	美国	4
	马来西亚	4	泰国	1	美国	4	英国	1	中国	3	墨西哥	2

附录3 SITC（Rev.3）76222产品的出口市场

续表

目标市场		1992	比重(%)	1995	比重(%)	1998	比重(%)	2001	比重(%)	2004	比重(%)	2006	比重(%)
德国		中国香港	41	中国香港	37	中国香港	30	中国香港	43	以色列	51	中国香港	76
		日本	17	以色列	21	以色列	22	以色列	35	中国香港	27	中国	6
		马来西亚	10	马来西亚	9	新加坡	15	马来西亚	7	荷兰	7	英国	5
		以色列	5	日本	7	马来西亚	11	荷兰	4	印度尼西亚	6	美国	5
		印度尼西亚	5	中国	6	中国	8	中国	3	中国	3	比利时	3

资料来源：联合国 UN Comtrade 数据库 [EB/OL]. http://comtrade.un.org/db/。

附表3-5　SITC（Rev.3）76222 产品对美、日、德的出口总额（单位：美元）

目标市场	1992	1995	1998	2001	2004	2006
美国市场	338637798	291671162	235127190	468443167	309841798	403549457
日本市场	33201428	70284546	84436859	164833995	176268093	74875760
德国市场	87727806	84228096	97900656	56531662	97726863	32221218

资料来源：联合国 UN Comtrade 数据库 [EB/OL]. http://comtrade.un.org/db/。

149

参 考 文 献

［1］ Acs, Z. J. & David B. Audretsch. Innovation in Large and Small Firms: An Empirical Analysis [J]. American Economic Review, 1988, 78: 678 - 690.

［2］ Ailawadi, K. L., Borin, N. & Farris, P. W. Market Power and Performance: A Cross-industry Analysis of Manufacturers and Retailers [J]. Journal of Retailing, 1995, 71: 211 - 248.

［3］ Anders, Oestergard Nielsen. Patenting, R&D and Market Structure: Manufacturing Firms in Denmark [J]. Technological Forecasting and Social Change, 2001, 66: 47 - 58.

［4］ Anderson, S. P., Palma, A. de. & Thisse, J. F. Discrete Choice Theory of Product Differentiation [M]. Cambridge: MIT Press, 1992.

［5］ Appelbaum, E. The Estimation of the Degree of Oligopoly Power [J]. Journal of Econometrics, 1982, 19: 287 - 299.

［6］ Arndt, Sven W., Globalization and the Open Economy [J]. North American Journal of Economics and Finance, 1997, 8 (1), 71 - 79.

［7］ Arrow, K. Economic Implications of Learning by Doing [J]. Review of Economic Studies, 1962, 80 (29): 155 - 173.

［8］ Athukorala, P. & Riedel, J., The Small Country Assumption: Reassessment with Evidence from Korea [J]. Weltwirtschaftliches Archive, 1991, 127 (1): 138 - 151.

［9］ Athukorala, P. & Riedel, J. Demand and Supply Factors in the Determination of NIE Exports: a Simultaneous Error-correction Model for HongKong: a Comment [J]. Economic Journal, 1994. 104 (427): 1411 - 1414.

［10］ Audretsch, D. B. & Yamawaki, H. R&D Rivalry, Industrial Poli-

[J]. Economica, 1976, 43: 267 -274.

[36] Dasgupta, P. & Stiglitz, J. Industrial Structure and the Nature of Innovative Activity [J]. Economic Journal, 1980, 90: 266 -293.

[37] Demsetz, H. Industry Structure, Market Rivalry, and Public Policy [J]. Journal of Law and Economics, 1973, 16: 1 -10.

[38] Digal, L. N. & Ahmadi - Esfahani, F. Z. Market Power Analysis in the Retail Food Industry: A Survey of Methods [J], Australian Journal of Agricultural & Resource Economics, 2002, 46 (4): 559 -584.

[39] Dixit, A. The Role of Investment in Entry Deterrence [J]. Economic Journal, 1980, 90: 95 -106.

[40] Erdem, Tulin & Swait, Joffre. Brand Equity as a Signaling Phenomenon [J]. Journal of Consumer Psychology, 1998, 7 (2): 131 -157.

[41] Ester Martinez-Ros. Explaining the Decisioins to Carry out Product and Process Innovations: the Spanish Case [J]. The Journal of High Technology Management Research, 2000, 10: 223 -242.

[42] Farber, S. C. Buyer Market Structure and R&D Effort: A Simultaneous Equations Model [J]. Review of Economics and Statistics, 1981, 63: 336 -345.

[43] Farrell, J. & Saloner, G. Standardization, Compatibility, and Innovation [J]. Rand Journal of Economics, 1986, 16: 70 -83.

[44] Farrell, J. & Matthew, R. Cheap Talk [J]. Journal of Econmic Perspectives, 1996, 10 (3): 103 -118.

[45] Farris, P. W. & Ailawadi, K. L. Retail Power: Monster or Mouse? [J]. Journal of Retailing, 1992, 68: 351 -369.

[46] Feenstra, Robert C. Integration of Trade and Disintegration of Production in the Global Economy [J]. Journal of Economic Perspective, 1998, Vol. 12 (4): 31 -50.

[47] Fernandez-Barcala, Marta. & Gonzalez-Diaz, Manuel. Brand Equity in the European Fruit and Vegetable Sector: A Transaction Cost Approach [J]. International Journal of Research in Marketing, 2006, 23 (1): 31 -44.

[48] Gary, Madden. & Scott J. Savage. Telecommunications Productivity, Catch-up and Innovation [J]. Telecommunications Policy, 1999, 23: 65 -81.

[49] Georski, P. A. & Pomroy, R. Innovation and the Evolution of Market Structure [J]. Journal of Industrial Economics, 1990, 38: 299 – 314.

[50] Gereffi, Gary. International Trade and Industrial Upgrading in the Apparel Commodity Chain [J]. Journal of International Economics, 1999, 48: 37 – 70.

[51] Gilbert, R. J. & Newbery, D. Preemptive Patenting and the Persistence of Monopoly [J]. American Economic Review, 1982, 72: 514 – 526.

[52] Goldberg, P. K. & Knetter, M. Measuring the Intensity of Competition in Export Markets [J]. Journal of International Economics, 1999, 47: 27 – 60.

[53] Goldstein, M. & Khan, M. S. Income and Price Effects in Foreign Trade [A]. In: Jones, R. W., Kenen, P. B. Handbook of International Economics [C], 1985, Vol. 2.

[54] Grabowski, H. G. & Vernon, J. M. Pioneers, Imitators, and Generics: A Simulation Model of Schumpeterian Competition [J]. Quarterly Journal of Economics, 1987, 102: 491 – 525.

[55] Greenstein, S. & G. Ramey. Market structure, Innovation and Vertical Product Differentiation [J], International Journal of Industrial Organization, 1998, 16 (3): 285 – 311.

[56] Gruber, H. Persistence of Leadership in Product Innovation [J]. Journal of Industrial Economics, 1992, 40: 359 – 375.

[57] Hakanson, L. & Nobel, R. Determinants of Foreign R&D in Swedish Multinationals [J]. Research Policy, 1993, 22: 369 – 411.

[58] Hall, R. E. The Relation between Price and Marginal Cost in US Industry [J]. Journal of Political Economy, 1988, 96: 921 – 947.

[59] Harrison, A. Productivity, Imperfect Competition and Trade Reform: Theory and Evidence [J]. Journal of International Economics, 1994, 36 (1/2): 53 – 73.

[60] Hart O. &Tirole J. Vertical Integration and Market Foreclosure [R]. Brookings Papers on Economic Activity: Microeconomics, 1990. 205 – 276.

[61] Hayek, F. A. The Meaning of Competition [A]. Hayek, F. A. Individualism and Economic Order [C]. London: George Routledge & Sons, 1948.

[62] Henderson R M. & Clark K B. Architectural Innovation: The Reconfiguration of Existing Product Technologies and the Failure to Establish Firms [J]. Administrative Science Quarterly, 1990, 29 (1): 26 -42.

[63] Hodgson, G. M. Competence and Contract in the Theory of the Firm [J]. Journal of Economic Behavior and Organization, 1998, 35: 179 -201.

[64] Hummels, David. Rapoport, Dana & Kei-Mu Yi. Vertical Specialization and the Changing Nature of World Trade [J]. Federal Reserve Bank of New York Economic Policy Review, 1998, 4 (2): 79 -99.

[65] Hyde, C. E. & Perloff, J. M. CanMarketPowerbeEstimated? [J]. Review of Industrial Organization, 1995, 10: 465 -485

[66] Ikeda S. Market Process [A]. Boettke P. J. The Elgar Companion to Austrian Economics [C]. Edward Elgar Publishing Limited, 1994.

[67] Jones, R. W. & Henryk Kierzkowski. The Role of Services in Production and International Trade: A Theoretical Framework [A]. Jones, R. W. & Krueger, Anne O. The Political Economy of International Trade: Essays in Honor of Robert E. Baldwin [C]. Basil Blackwell, 1990.

[68] Kamien, M. & Schwartz, N. L. Patent Life and R&D: Rivalry [J]. American Economic Review, 1974, 64: 183 -187.

[69] Klemperer, P. Markets with Consumer Switching Costs [J]. Quarterly Journal of Economics, 1987, 102: 375 -394.

[70] Knetter, M. & Michael M. Price Discrimination by US and German Exporters [J]. American Economic Review, 1989, 79: 198 -210.

[71] Kraft K. Market Structure, Firm Characteristics and Innovation Activity [J]. Journal of Industrial Economics, 1989, 37: 329 -336.

[72] Krugman, P. Growing World Trade: Causes and Consequences [J]. Brookings Papers on Economic Activity, 1995, 1: 327 -362.

[73] Kumar, Nirmalya. Strategies to Fight Low-cost Rivals [J]. Harvard Business Review, 2006, 84 (12): 104 -112.

[74] Lamm, R. M. Prices and Concentration in the Food Retailing Industry [J]. Journal of Industrial Economics, 1981, 30: 67 -77.

[75] Landes, W. M. & Posner, R. A. Market Power in Anti-trust Cases [J]. Harvard Law Review, 1981, 94: 937 -939.

[76] Larry N. Digal, Fredoum Z. & Ahmadi-Esfahani. Market Power Analysis in the Retail Food Industry: a Survey of Methods [J]. The Australian Journal of Agricultural and Resource Economics, 2002, 46 (4): 559 –584.

[77] Larson A. Network Dyads in Entrepreneurial Settings: a Study of the Governance of Exchange Relationships [J]. Administrative Science Quarterly, 1992, 37 (1): 76 –104.

[78] Leamer, Edward. E. In Search of Stloper-Samuelson Effects on U. S. Wages [EB/OL]. http://www.nber.org/papers/W5427, 1996.

[79] Lee T. K. & L. L. Wilde Market Structure and Innovation: a Reformulation [J]. Quarterly Journal of Economics, 1980, 94: 429 –436.

[80] Lee, Chang-Yang. A New Perspective on Industry R&D and Market Structure [J]. Journal of Industrial Economics, 2005, 53: 101 –122.

[81] Lerner, A. P. The Concept of Monopoly and the Measurement of Monopoly Power [J]. Review of Economics Studies, 1934, Vol. 6: 157 –175.

[82] Levin, R., Cohen, W. & Mowery, D. R&D Appropriability, Opportunity, and Market Structure: New Evidence on Some Schumpeterian hypotheses [A]. American Economic Review Proceedings [C], 1985, 75: 20 –24.

[83] Levin, R. C., Klevorick, A. K., Nelson, R. R. & Winter, S. G. Appropriating the Returns from Industrial R&D [J]. Brookings Papers on Economic Activity, 1987, pp. 783 –831.

[84] Levinsohn, J. Testing the Imports as Market Discipline Hypothesis [J]. Journal of International Economics, 1993, 35 (1/2): 1 –22.

[85] Loury G. Market Structure and Innovation [J]. Quarterly Journal of Economics, 1979, 93: 395 –410.

[86] Lustgarten, S. H. The Impact of Buyer Structure in Manufacturing Industries [J]. Review of Economics and Statistics, 1975, 62: 125 –132.

[87] Mansfield, E. Size of Firm, Market Structure, and Innovation [J]. Journal of Political Economy, 1963, 71: 556 –576.

[88] Marion, B. W. The Price and Profit Performance of Leading Food Chains [J]. American Journal of Agricultural Economics, 1979, 61: 420 –433.

[89] Messinger, P. R. & Narasimhan, C. Has Power Shifted in the Grocery Channel? [J]. Marketing Science, 1995, 14: 189 – 223.

[90] Mises, L. Human action: A Treatise on Economics [M]. New Haven: Yale University Press, 1966.

[91] Muscatelli, V. A. Demand and Supply Factors in the Determination of NIE Products: a Reply [J]. Economic Journal, 1994, 104 (427): 1415 – 1417.

[92] Ng, Yew-Kwang. Competition, Monopoly, and the Incentive to Invent [J]. Australian Economic Papers, 1971, 10: 45 – 49.

[93] Nguyen, D. T. The Demand for LDC Exports of Manufactures: Estimates from HongKong: a Comment [J]. Economic Journal, 1989, 99: 461 – 466.

[94] Pagoulatos, E. & Sorensen, R. Domestic Market, Structure and International Trade: An Empirical Analysis [J]. Quarterly Review of Economics and Business, 1976, 16: 45 – 49.

[95] Panagariya, A., Shah, S. & Mishra, D. Demand Elasticities in International Trade: are They Really Low? [J]. Journal of Development Economics, 2001, 64 (2): 313 – 342.

[96] Patterson, P. M. & Abbott P. C. Further Evidence on Competition in US Grain Export Trade [J]. Journal of Industrial Economics, 1994, 42: 429 – 437.

[97] Phillips A. Patents, Potential Competition and Technical Progress [J]. American Economic Review, 1966, 56: 301 – 310.

[98] Porter, M. E. Competitive strategy: Techniques for Analyzing Industries and Competition [M]. New York: Free Press, 1980.

[99] Pradeep Dubey & Chien-wei Wu. When Less Competition Induces More Product Innovation [J]. Economics Letters, 2002, 74: 309 – 312.

[100] Reinganum, J. F. On the Diffusion of New Technology: A Game Theoretic Approach [J]. Review of Economic Studies, 1981, 48: 395 – 405.

[101] Reich, R. The Work of Nations: Preparing Ourselves for 21st Century Capitalism [M]. New York: Vintage Books, 1991.

[102] Rey & Tirole, A Primer on Foreclosure, Forthcoming [EB/OL].

http：//www. idei. asso. fr/Commun/WorkingPapers/2003/Primer. pdf，2003.

［103］Richards, T. J. , Kagan, A. & Adu-Asamoah, R. Marketing Order Suspensions and Fresh Lemon Retail FOB Margins［J］. Journal of Agricultural and Applied Economics，1996，28：263 – 277.

［104］Riedel, J. The Demand for LDC Exports of Manufactures：Estimates for HongKong［J］. Economic Journal，1988，19（8）：138 – 148.

［105］Robert Frank & Philip Cook. The Winner-Take-All Society，New York：Free Press，1995.

［106］Rockett, K. E. Choosing the Competition and Patent Licensing［J］. RAND Journal of Economics，1990，21（1）：161 – 171.

［107］Rohlfs, Jeffrey. A Theory of Interdependent Demand for a Communications Service［J］. Bell Journal of Economics，1974，5（1）：16 – 37.

［108］Ronald Burt. Structural Holes：The Social Structure of Competition［M］. Cambridge, MA：Harvard University Press，1992.

［109］Romano, Richard E. A Note on Market Structure and Innovation When Inventors Can Enter［J］. Journal of Industrial Economics，1987，35：353 – 358.

［110］Rosenberg, J. B. Research and Market Share：A Reappraisal of the Schumpeter Hypothesis［J］. Journal of Industrial Economics，1976，25：101 – 112.

［111］Sakakibara, M. & Porter, M. E. Competing at home to win abroad：Evidence from Japanese industry［J］. The Review of Economics and Statistics，2001，83（2）：310 – 322.

［112］Sang-Seung Yi. Market Structure and Incentives to Innovate：the Case of Cournot Oligopoly［J］. Economics Letters，1999，65：379 – 388.

［113］Scherer F. M. Firm size, Market Structure, Opportunity, and the Output of Patented Inventions［J］. American Economic Review，1965，55：1097 – 1125.

［114］Scherer, F. M. & Ross, D. Industrial Market Structure and Economic Performance［M］. Chicago：Rand McNally College Publishing Co，1990.

［115］Schmalensee, R. Industrial Economics：an Overview［J］，Economic Journal, 1988, 98 (392): 643 -681.

［116］Schwartz, M. & Reynolds, R. J. Contestable Markets: An Uprising in the Theory of Industry Structure ［J］. American Economic Review, 1983, Vol. 73: 488 -490.

［117］Scott, John T. Firm Versus Industry Variability in R&D Intensity ［A］. in Z. Griliches (ed.), R&D Patents and Productivity ［C］. Chicago: The University of Chicago Press, 1984, 233 -245.

［118］Shapiro, C. Navigating the Patent Thicket: Cross Licenses, Patent Pools, and Standard Setting ［M］. Massachusetts: MIT Press, 2001.

［119］Shapiro, C. Theories of Oligopoly Behavior ［A］. Schmalensee, R. & Willig, R. D. Handbook of Industrial Organization ［C］, Northholland, 1989.

［120］Shrieves, R. Market Structure and Innovation: a New Perspective ［J］. Journal of Industrial Economics, 1978, 26: 329 -347.

［121］Silvente, F. R. Price Discrimination and Market Power in Export Markets: the Case of the Ceramic Tile Industry ［J］. Journal of Applied Economics. 2005, 8 (2): 347 -370.

［122］Spencer, B. J. & Brander, J. A. International R&D Rivalry and Industrial Strategy ［J］. Review of Economic Studies, 1983, 50: 707 -722.

［123］Steiner, R. L. The Inverse Association between the Margins of Manufacturers and Retailers ［J］. Review of Industrial Organisation, 1993, 8: 741 -746.

［124］Steven K. Entry, Exit, Growth, and Innovation over the Product Life Cycle, The American Economic Review, 1996, 86 (3): 562 -583.

［125］Stigler, G. J. A Theory of Oligopoly ［J］. Journal of Political Economy, 1964, 12: 44 -61.

［126］Tandon, P. Innovation, Market Structure, and Welfare ［J］. American Economic Review, 1984, 74: 394 -403.

［127］Telser, L. Advertising and Competition ［J］. Journal of Political Economy, 1964, 72: 537 -562.

［128］Traill, W. B. & Henson, S. Price Transmission in the United Kingdom Yellow Fats Market in the Presence of Imperfect Competition ［J］.

Journal of Agricultural Economics, 1994, 45: 123 – 131.

[129] Triffin, R. Monopolistic Competition and General Equilibrium Theory [M]. Cambridge, Mass: Harvard University Press, 1940.

[130] UN. COMTRADE DATA BASE [EB/OL]. http://comtrade.un.org/.

[131] United Nations Conference on Trade and Development (UNCTAD). WorldInvestment Report 2002: Transnational Corporations and Export Competitiveness [EB/OL]. http://www.unctad.org/.

[132] Utton, M. Market Dominance and Antitrust Policy [M]. Aldershot: Edward Elgar, 1995.

[133] Von Cramon-Taubadel, S. Estimating Asymmetric Price Transmission with the Error Correction Representation: An Application to the German Pork market [J]. European Review of Agricultural Economics, 1998, 25: 1 – 18.

[134] Von Weizsacker. The Costs of Substitution [J]. Economitrica, 1984, 52: 1085 – 1116.

[135] Weber, M., Hoogma, R., Lane, B. & Schot, J. Experimenting with Sustainable Transport Innovations: a Workbook for Strategic Niche Management [M]. CEC Joint Research Centre in Seville, 1999.

[136] Weber, M. & Hoogma, R. Beyond National and Technological Styles of Innovation Diffusion: a Dynamic Perspective on Cases from the Energy and Transport Sectors [J]. Technology Analysis & Strategic Management, 1998 (4), 545 – 566.

[137] Werden, G. J. Demand Elasticities in Antitrust Analysis [J]. Antitrust Law Journal, 1998, 66 (2): 363 – 414.

[138] Williamson, O. E. Innovation and market structure [J]. Journal of Political Economy, 1965, 73: 67 – 73.

[139] Williamson, O. E. The Economic Institutions of Capitalism: Firms, Markets, Relational Contracting [M]. Free Press, 1985.

[140] Yamawaki, H. & Audretsch, D. B. Import Share Under International Oligopoly with Differentiated Products: Japanese Imports in U. S. Manufacturing [M]. This Review, 1988, 70 (4): 569 – 579.

[141] Yerger, D. B. Testing for Market Power in Multi-product Industries

across Multiple Export Markets [J] Southern Economic Journal, 1996, 62: 938 -956.

[142] Young, D. Dominant Firms, Price Leadership and the Measurement of Monopoly Welfare Losses [J]. International Journal of Industrial Organization, 1997, Vol. 15: 533 -548.

[143] Young, D. Firms' Market Power, Endogenous Preferences and the Focus of Competition Policy [J]. Review of Political Economy, 2000, 12 (1): 73 -89.

[144] Anne T. Coughlan, Anderson Erin, Stern Louis, EI-Ansary I Adel. 营销渠道（第6版）[M]. 北京：电子工业出版社，2003。

[145] 陈柳，刘志彪. 代工生产、自主品牌与内生激励 [J]. 财经论丛，2006.5：8 -13。

[146] 陈秀山. 现代竞争理论与竞争政策 [M]. 北京：商务印书馆，1997。

[147] 陈志广. 是垄断还是效率——基于中国制造业的实证研究 [J]. 管理世界，2004.12：60 -67。

[148] 陈志广. 非效率市场力量与效率市场力量——一个关于反垄断规制对象的基础框架 [J]. 江苏社会科学，2007.1：54 -64。

[149] 丹尼斯·卡尔顿，杰弗里·佩罗夫 [美]. 现代产业组织 [M]. 上海：上海三联书店，1998。

[150] 杜传忠. 网络型寡占市场结构与企业技术创新——兼论实现中国企业自主创新的市场结构条件 [J]. 中国工业经济，2006.11：14 -21。

[151] 冯根福，李再扬，姚树洁. 信息产业标准的形成机制及其效率研究 [J]. 中国工业经济，2006.1：16 -24。

[152] 冯丽，李海舰. 从竞争范式到垄断范 [J]. 中国工业经济，2003，9：14 -22。

[153] 辜海笑. 美国反托拉斯理论与政策. [M], 北京：中国经济出版社，2005。

[154] 国际劳工组织统计局 [EB/OL]. http://laborsta.ilo.org/。

[155] 郝冬梅，王秀清. 中国烟草加工业的市场结构与绩效研究 [J]. 中国农业经济评论，2003.1：35 -44。

[156] 韩兆林，张晓燕. 高科技企业分销渠道的模式、特征及影响

因素研究 [J]. 南开经济评论，1999.6：37－41。

[157] 何佳讯. 中外企业的品牌资产差异及管理建议——基于CBRQ量表的实证研究 [J]. 中国工业经济，2006.8：109－116。

[158] 胡川. 工艺流程创新对市场结构及绩效影响的量化研究 [J]. 经济社会体制比较，2006.3：87－89。

[159] 卡尔顿，佩罗夫. 现代产业组织 [M]. 上海：上海三联书店，1998。

[160] 克瑞斯提诺·安东内利 [意]. 创新经济学——新技术与结构变迁 [M]. 高等教育出版社，2006。

[161] 李忱，田杨萌. 科学技术与管理的协同关联机制研究 [J]，中国软科学，2001.5：57－62。

[162] 李平. 后产业组织的市场特性 [J]. 中国工业经济，2005.6：46－51。

[163] 李玉剑，宣国良. 专利联盟：战略联盟研究的新领域 [J]. 中国工业经济，2004.2：48－54。

[164] 刘林青，谭力文，赵浩兴. 专利丛林、专利组合和专利联盟——从专利战略到专利群战略 [J]. 研究与发展管理，2006.18（4）：83－89。

[165] 刘茂松，曹虹剑. 论经济全球化时代跨国公司垄断结构 [J]. 中国工业经济，2004.9：36－43。

[166] 柳卸林. 打破跨国公司垄断就是自主创新吗 [J]. 科学学与科学技术管理，2006.11：82－86。

[167] 刘志彪. 产业的市场势力理论及其估计方法 [J]. 当代财经，2002.11：43－47。

[168] 刘志彪，石奇. 竞争、垄断与市场势力 [J]. 产业经济研究，2003.4：71－77。

[169] 罗珺. 国有商业银行市场势力分析 [J]. 金融研究，2003.10。

[170] 彭征波. 企业规模、市场结构与创新——来自不同行业的经验证据 [J]. 中南财经政法大学学报. 2007，2：106－111。

[171] 芮明杰，李想. 差异化、成本领先和价值创新 [J]. 财经问题研究，2007.1：37－44。

[172] 沈蕾. 跨国竞争对反垄断的抑制作用 [J]. 中国工业经济，2003.6：36－41。

[173] 施蒂格勒，J. 产业组织与政府管制 [M]. 上海：上海三联书店，1996。

[174] 斯蒂芬·马丁 [美]. 高级产业经济学 [M]. 史东辉等译，上海：上海财经大学出版社，2003。

[175] 泰勒尔 [法]. 产业组织理论 [M]. 北京：中国人民大学出版社，1999。

[176] 汪贵浦，陈明亮. 邮电通信业市场势力测度及对行业发展影响的实证分析 [J]. 中国工业经济，2007，1：21-28。

[177] 王子君. 市场结构与技术创新——以美国AT&T公司的拆分为例 [J]. 经济研究，2002.12：70-92。

[178] 威廉姆森. 资本主义经济制度 [M]. 北京：商务印书馆，2002。

[179] 魏后凯. 市场竞争，经济绩效与产业集中 [M]. 北京：经济管理出版社，2003。

[180] 吴林海，崔超，罗佳. 我国未来技术标准发展战略研究 [J]. 中国人民大学学报，2005.4：105-110。

[181] 吴延兵. 企业规模、市场力量与创新：一个文献综述 [J]. 经济研究，2007.5：125-138。

[182] 夏大慰. 产业组织与公共政策与芝加哥学派 [J]. 外国经济与管理，1999（9）：3-6。

[183] 夏皮罗，瓦里安. 信息规则——网络经济的策略指导 [M]. 北京：中国人民大学出版社，2000。

[184] 熊彼特 [美]. 经济发展理论 [M]. 北京：商务印书馆，1990。

[185] 熊彼特 [美]. 资本主义、社会主义与民主 [M]. 北京：商务印书馆，1999。

[186] 杨晓玲. 垄断势力、市场势力与当代产业组织关系 [J]. 南开经济研究，2005.4：41-46。

[187] 姚作为. 品牌资产理论的成熟与展望 [J]. 上海经济研究，2007.2：29-38。

[188] 叶泽. 电力市场中的市场势力及其治理 [J]. 中国工业经济，2004.7：42-49。

[189] 曾云敏. 基于小生境思想的技术范式变迁理论和创新政策研

究［J］．财经论丛，2006.5：20-24。

［190］詹姆斯·S·科尔曼（美）．社会理论的基础［M］．邓方译，社会科学文献出版社，1999。

［191］张弘，寇宗来．自主创新能力，专利许可与市场结构［J］．产业经济研究，2006.5：1-7。

［192］张晖明，邓霆．规模经济的理论思考［J］．复旦学报，2002.1：25-29。

［193］张小蒂，孙景蔚．基于垂直专业化分工的中国产业国际竞争力分析［J］．世界经济，2006.5：12-21。

［194］张小蒂，朱勤．论全球价值链中我国企业创新与市场构建的良性互动［J］．中国工业经济，2007.5：30-38。

［195］杜群阳，朱勤．海外投资的R&D外溢：高技术产业的实证分析［J］．财贸经济，2007.9。

［196］杜群阳，朱勤．中国企业技术获取型海外直接投资理论与实践［J］．国际贸易问题，2004.11。

［197］张晔．论买方垄断势力下跨国公司对当地配套企业的纵向压榨［J］．中国工业经济，2006.12：29-36。

［198］赵玉林，朱晓海．市场结构对企业技术创新的影响分析——基于可竞争市场理论的视角［J］．武汉理工大学学报，2006.8：507-510。

［199］赵玻．零售商市场势力及其福利效应［J］．财经理论与实践，2005.1：96-99。

［200］植草益．产业组织论［M］．北京：中国人民大学出版社，1988。

［201］植草益等．日本的产业组织——理论与实证的前沿［M］．北京：经济管理出版社，2000。

［202］朱彤．网络效应经济理论：文献回顾与评论［J］．教学与研究，2003.12：66-70。

［203］朱雪忠，詹映，蒋逊明．技术标准下的专利池对我国自主创新的影响研究［J］．科研管理，2007.28（2）：180-186。

后　　记

　　《国际竞争中企业市场势力与创新的互动》一书，得到了教育部省属高校人文社会科学重点研究基地——浙江工商大学现代商贸研究中心的出版资助。本书也是2006年国家软科学研究计划项目"全球化中我国企业创新与市场势力构建的互动研究"（2006GXS2D073）及2007年浙江省哲学社会科学规划重点课题"浙江省电子信息产业自主创新与市场势力的互动机制研究"（07CGLJ0042）的阶段性研究成果之一。

　　本书是在我的博士学位论文基础上进一步修改而成的。在浙江大学攻读博士期间，这所百年名校的"求是"传统和优良学风深深影响和激励着我。在本书即将付梓之即，我首先要特别感谢我的博士生导师、浙江大学经济学院副院长张小蒂教授。张老师的渊博与睿智，严谨的治学态度及和蔼的长者风范，在我的心中烙下永远不会消失的印记。在全书的写作过程中，从选题到研究框架的细致调整，以及研究方法的不断完善，都倾注了张老师的许多心血，在此，我谨向他致以深深的敬意和诚挚的谢忱。

　　在浙大求学期间，史晋川教授、金祥荣教授、张旭昆教授、宋玉华教授、赵伟教授、黄先海教授、顾国达教授、肖文教授、陈菲琼教授、杨柳勇教授、马述忠教授以及牛海霞副教授等老师给予了我许多指导和帮助。浙江工业大学的程惠芳教授也给予了许多关心与支持。在此，我一并向上述尊敬的师长表示诚挚的谢意。

　　我要衷心感谢我的工作单位浙江工商大学的胡祖光教授、张仁寿教授、李金昌教授、何大安教授、赵英军教授、郑勇军教授、俞毅教授、赵连阁教授、琚春华教授、刘仁平教授等领导和老师对我在学业和工作上的关怀与支持。感谢经济学院国际经济与贸易系的各位老师与同仁为我创造了良好的学习与工作环境。感谢本书写作期间，幸海笑、朱海就、沈可挺、邓娟、王东、孙景蔚、方建春、赵榄、危华、高莉、俞航东、李铁良等同事及学友与我进行的交流及提供的帮助。

最后，我还要深深感谢父母给予我无微不至的关怀，感谢丈夫杜群阳博士的理解、支持和帮助，值得一记的是，就在书稿整理修改之际，我们的胎宝宝正在孕育成长，亲爱宝宝的即将到来给予了我们对未来生活新的希望和新的责任感。

朱　勤

2008 年 5 月于浙江工商大学

责任编辑：吕　萍　于海汛
责任校对：杨晓莹
版式设计：代小卫
技术编辑：邱　天

国际竞争中企业市场势力与创新的互动
——以我国电子信息业为例
朱　勤　著
经济科学出版社出版、发行　新华书店经销
社址：北京市海淀区阜成路甲 28 号　邮编：100036
总编室电话：88191217　发行部电话：88191540
网址：www.esp.com.cn
电子邮件：esp@esp.com.cn
汉德鼎印刷厂印刷
永胜装订厂装订
787×1092　16 开　11.25 印张　200000 字
2008 年 6 月第 1 版　2008 年 6 月第 1 次印刷
ISBN 978-7-5058-7234-9/F・6485　定价：20.00 元
（图书出现印装问题，本社负责调换）
（版权所有　翻印必究）